# UNIR
# PUNTO A PUNTO

# UNIR
# PUNTO A PUNTO

DIBUJA MONUMENTOS Y EDIFICIOS FAMOSOS,
LUGARES EMBLEMÁTICOS, OBRAS DE ARTE...
Y MUCHAS IMÁGENES MÁS

## DAVID WOODROFFE

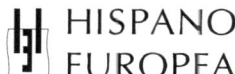

HISPANO
EUROPEA

Título de la edición original:
Dot-to-Dot for Grown-Ups

Publicado por primera vez en lengua inglesa por:
Arcturus Publishing Limited
26/27 Bickels Yard, 151–153 Bermondsey Street,
London SE1 3HA

© Arcturus Holdings Limited

© de la edición en castellano:
Editorial Hispano Europea, S. A.


E-mail: hispanoeuropea@hispanoeuropea.com

© de la traducción: Esther Gil

Depósito Legal: B. 4985-2016

ISBN: 978-84-255-2126-3


Consulte nuestra web:

**www.hispanoeuropea.com**


Impreso en España

# Índice

## Introducción

Coloca dos puntos sobre una hoja de papel en blanco y verás como inevitablemente alguien toma un lápiz y traza una línea entre ellos. Eso es lo que hemos hecho en este libro, con la diferencia de que cada página contiene hasta 400 puntos numerados consecutivamente que esperan a que alguien los una gracias a una afilada vista y un lápiz. En ciertos casos los dibujos están compuestos por más de una línea continua. Busca las notas a pie de página con las indicaciones.

Prepárate para un apasionante viaje que te descubrirá famosas obras de arte e imágenes del mundo del entretenimiento, deporte, transporte y naturaleza. Ahora bien, no esperes que sea coser y cantar. A veces el siguiente número será difícil de encontrar, pero con paciencia, un lápiz y una regla ¡el dibujo final será maravilloso! Si la imagen te resulta familiar pero no recuerdas cómo se llama, encontrarás la respuesta al final del libro.

Antes de precipitarte, pon a prueba tu mano uniendo los puntos de abajo.

*David Woodroffe*

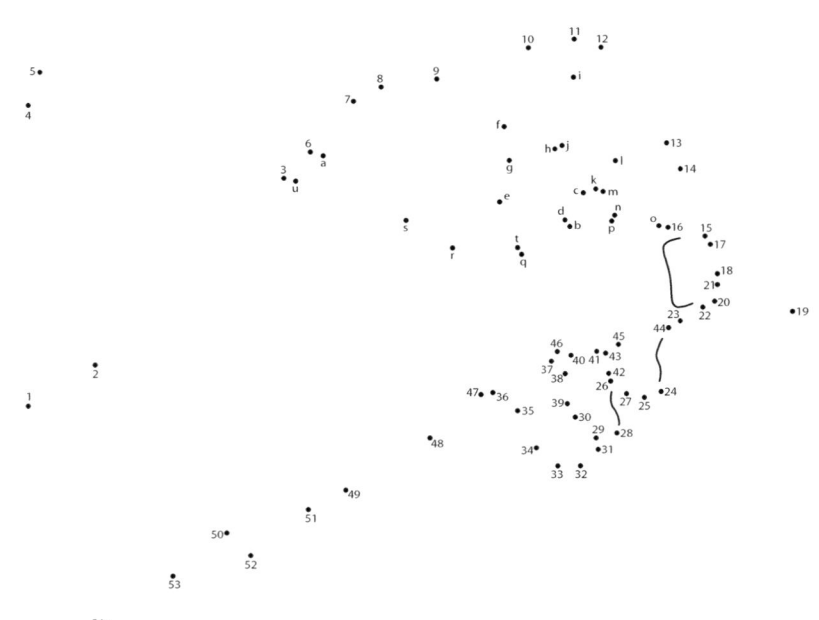

Este dibujo está realizado con dos líneas continuas:
a) números y b) letras minúsculas

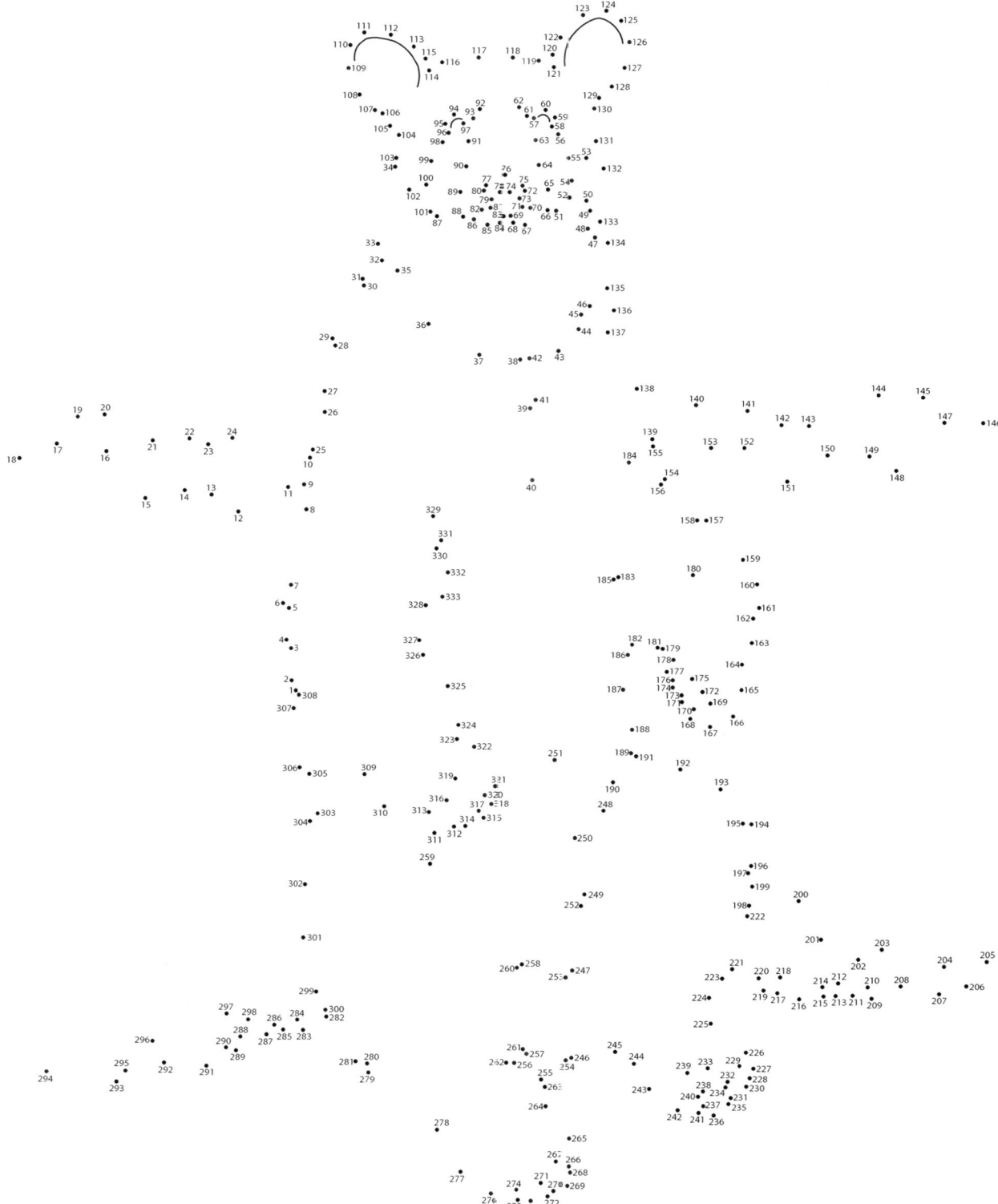

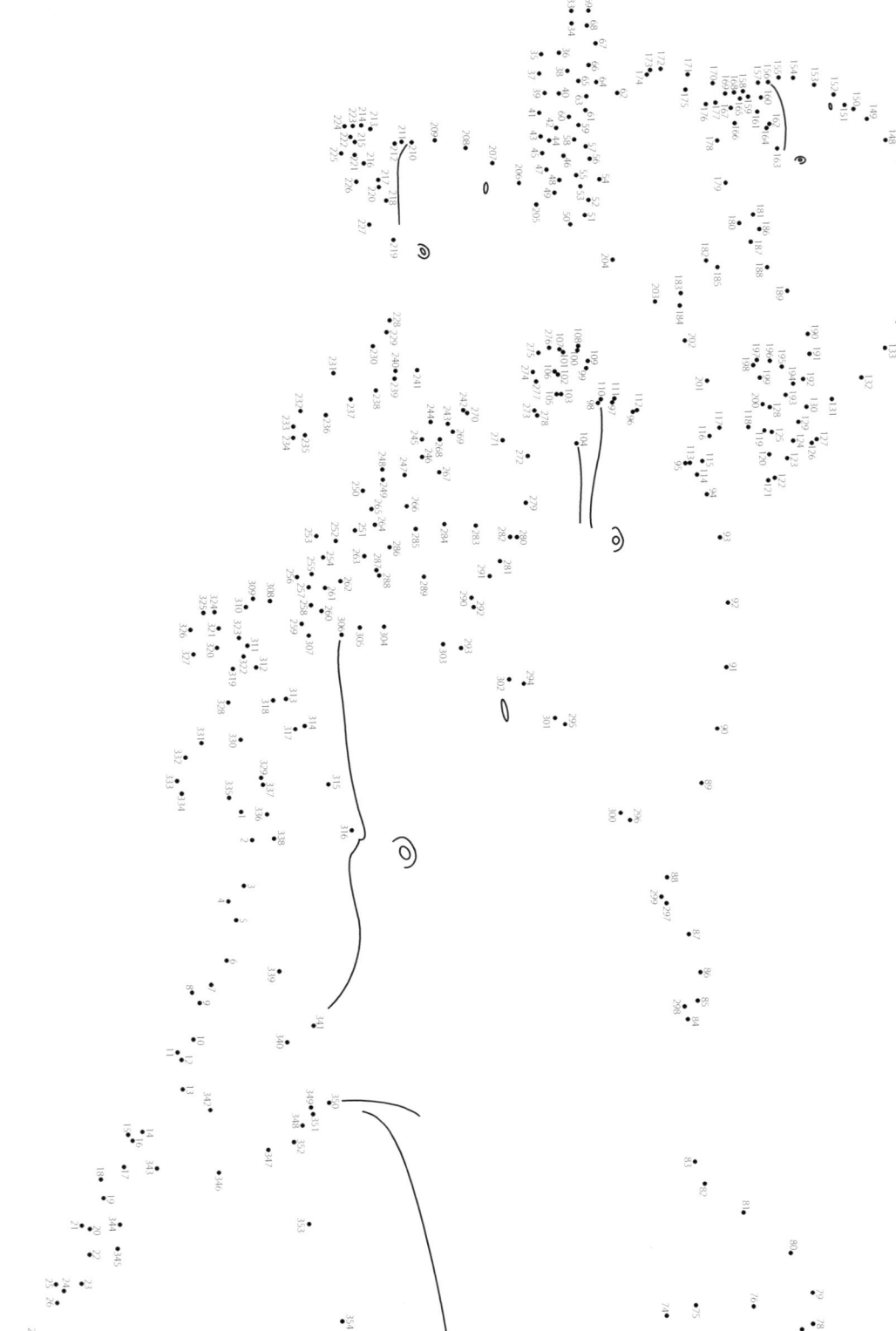

8

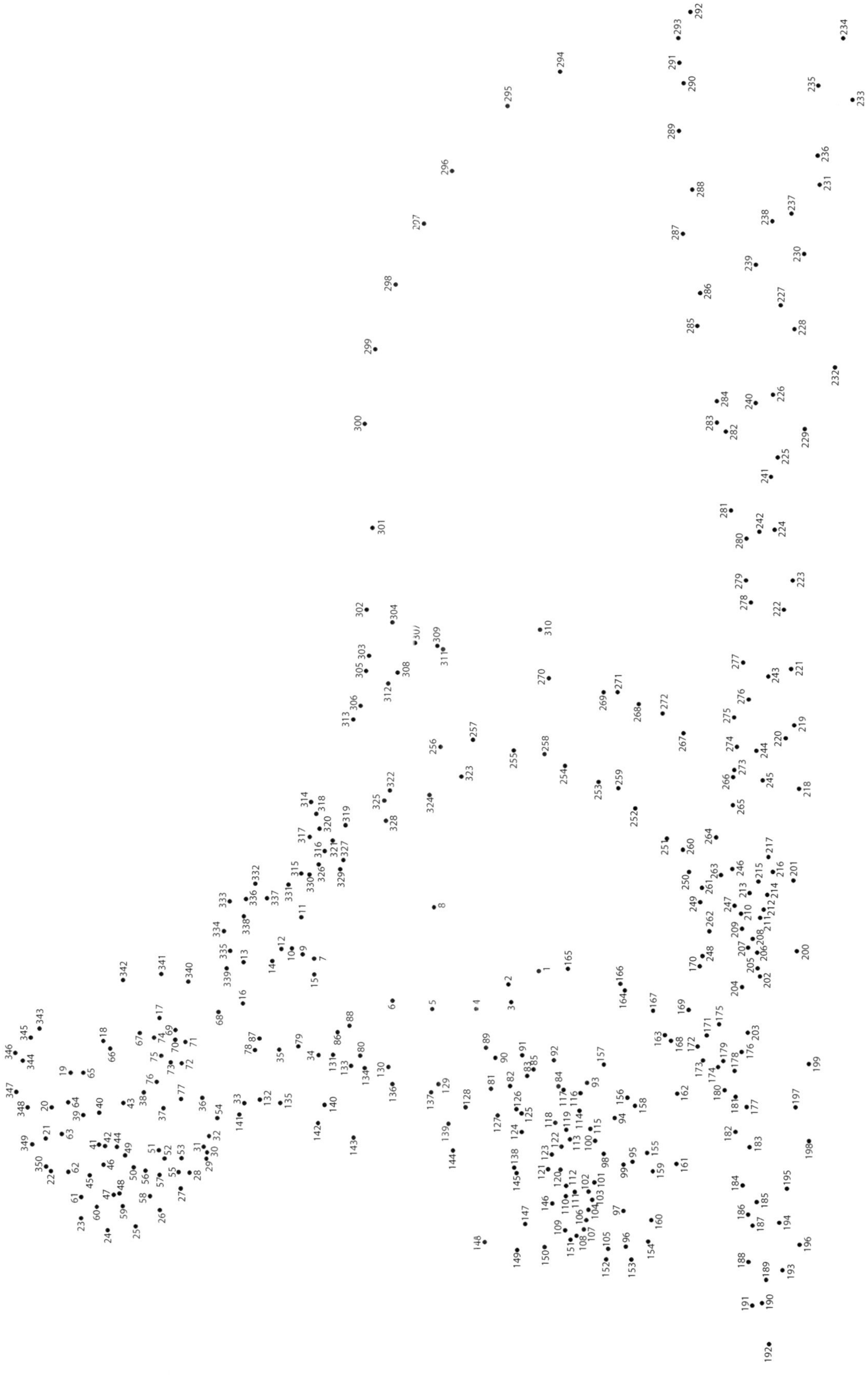

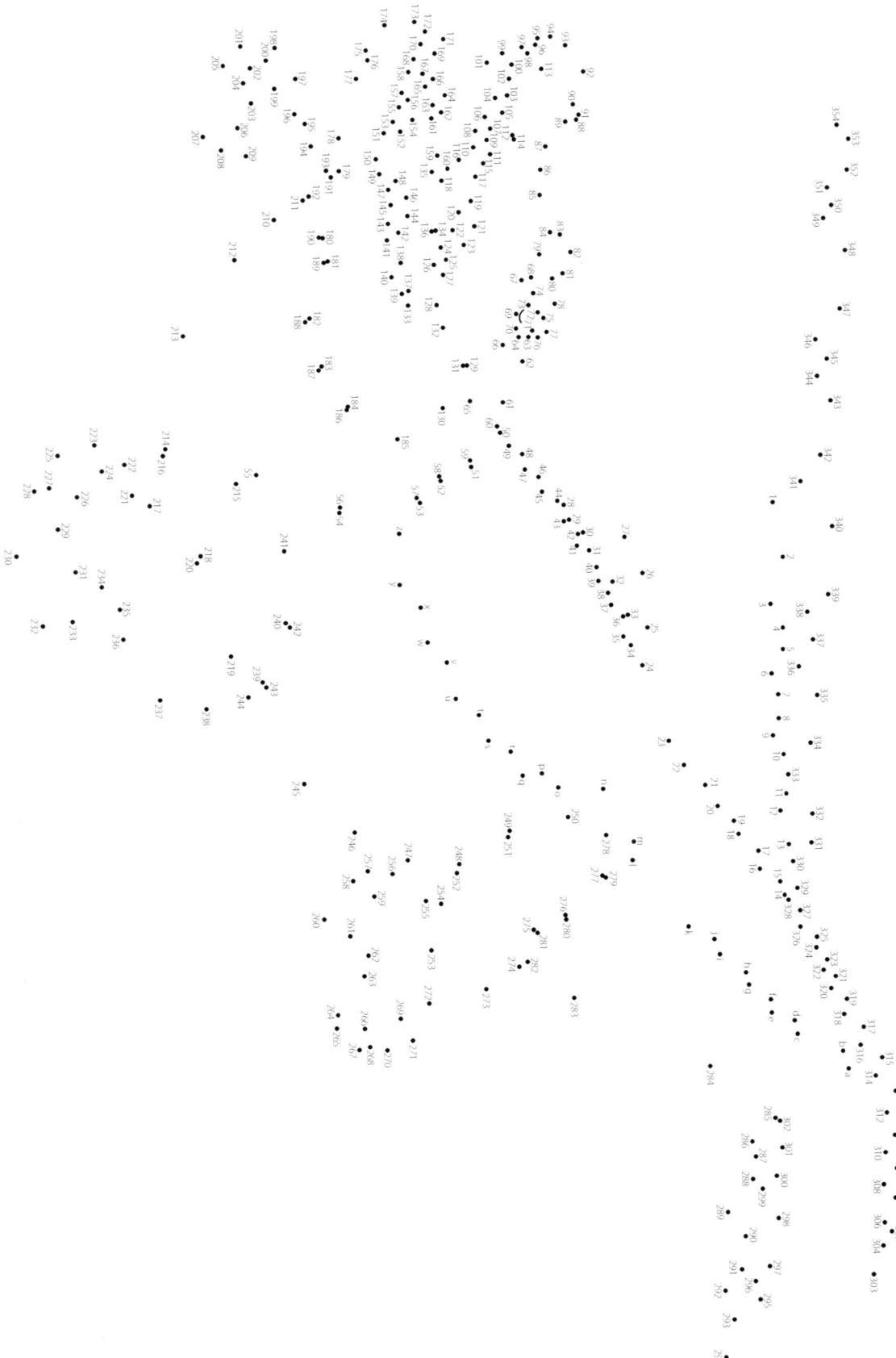

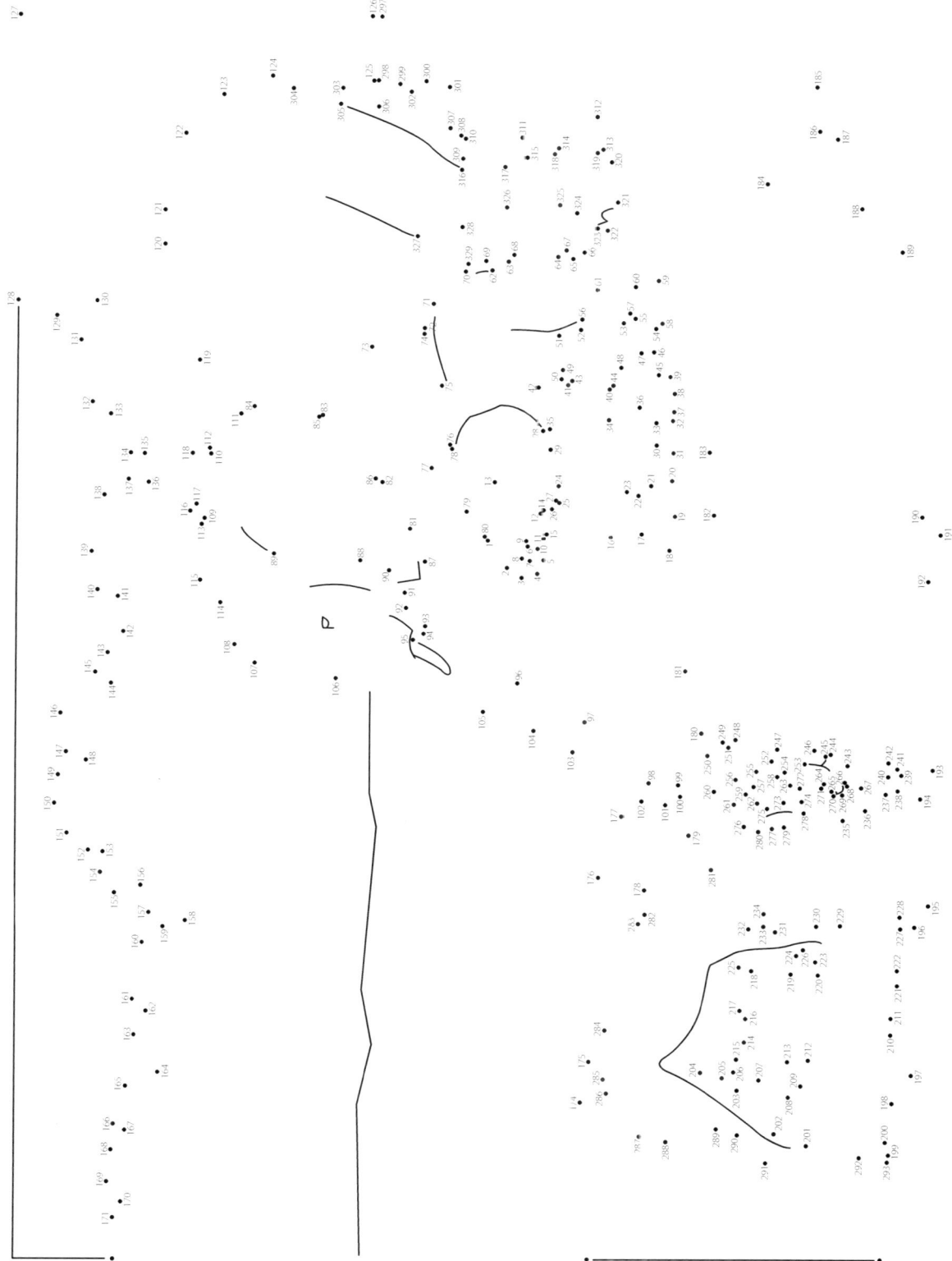

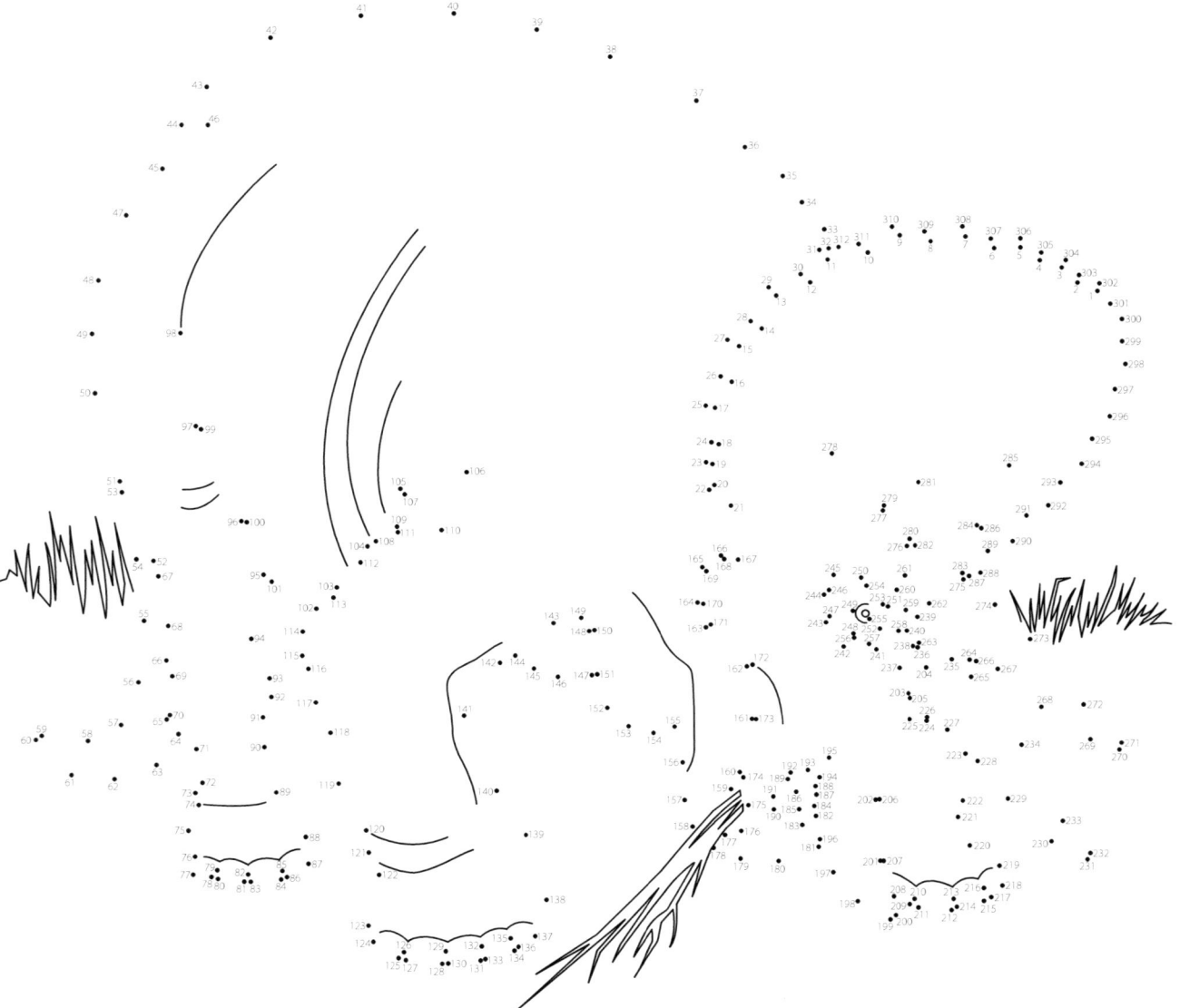

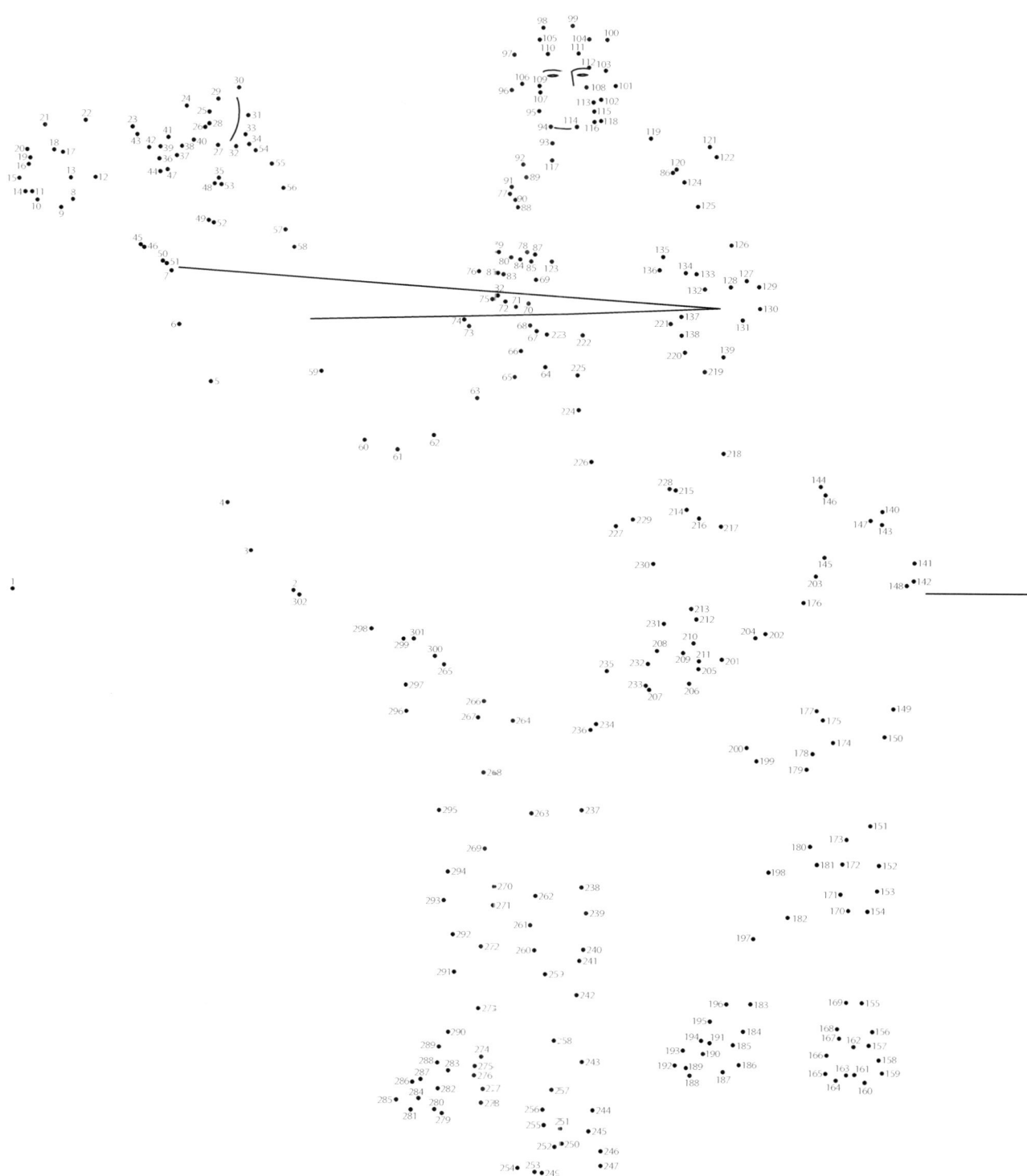

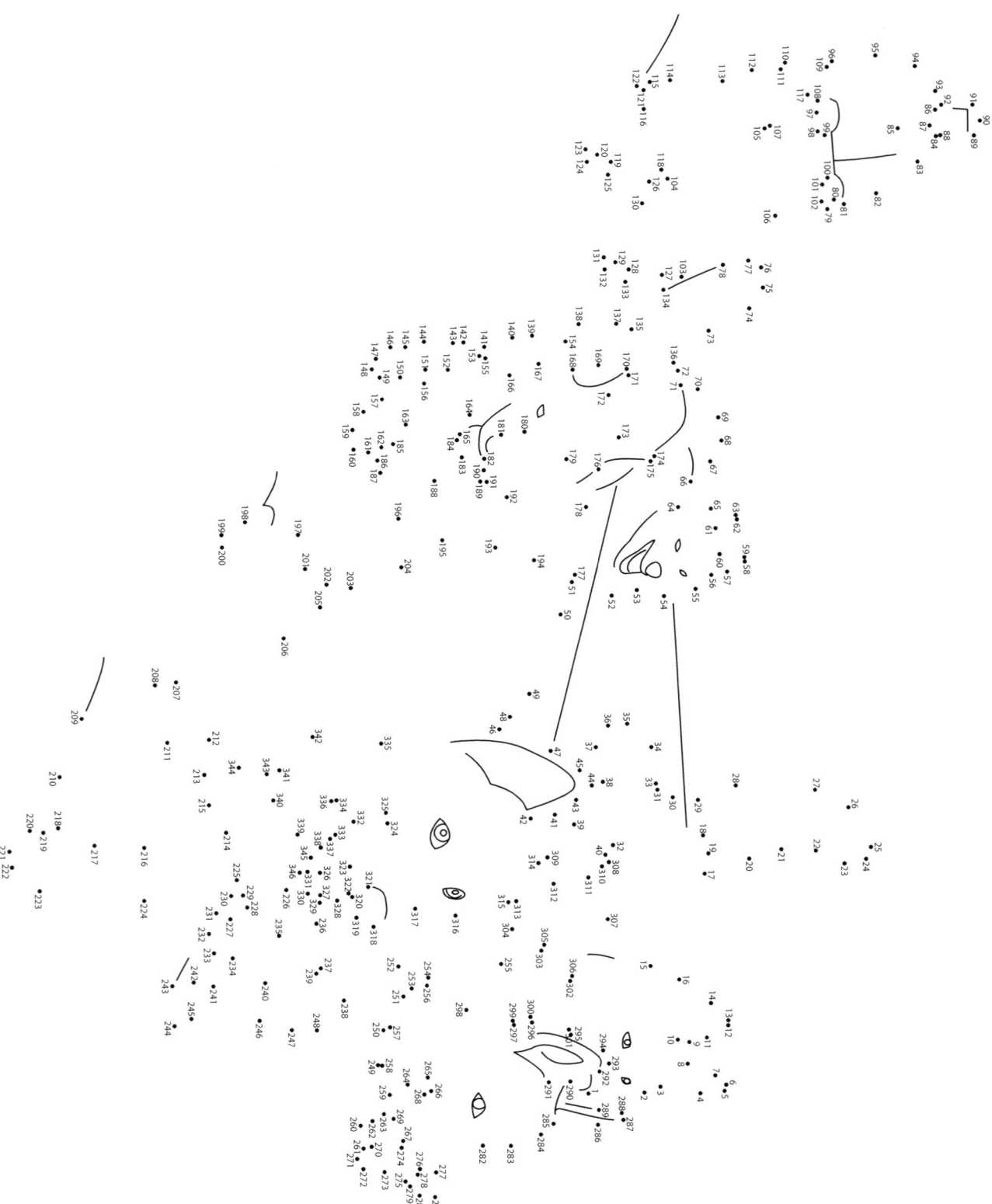

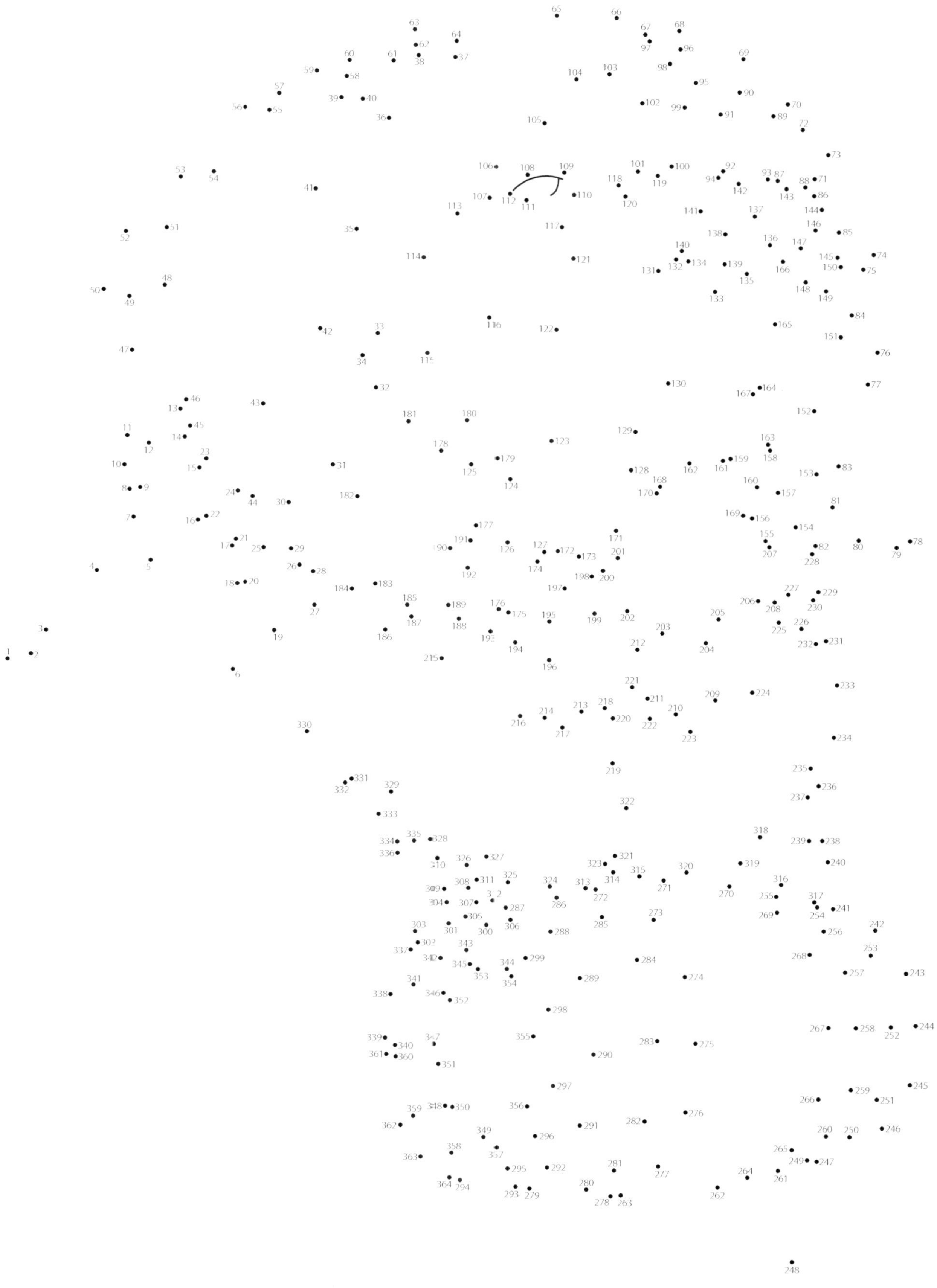

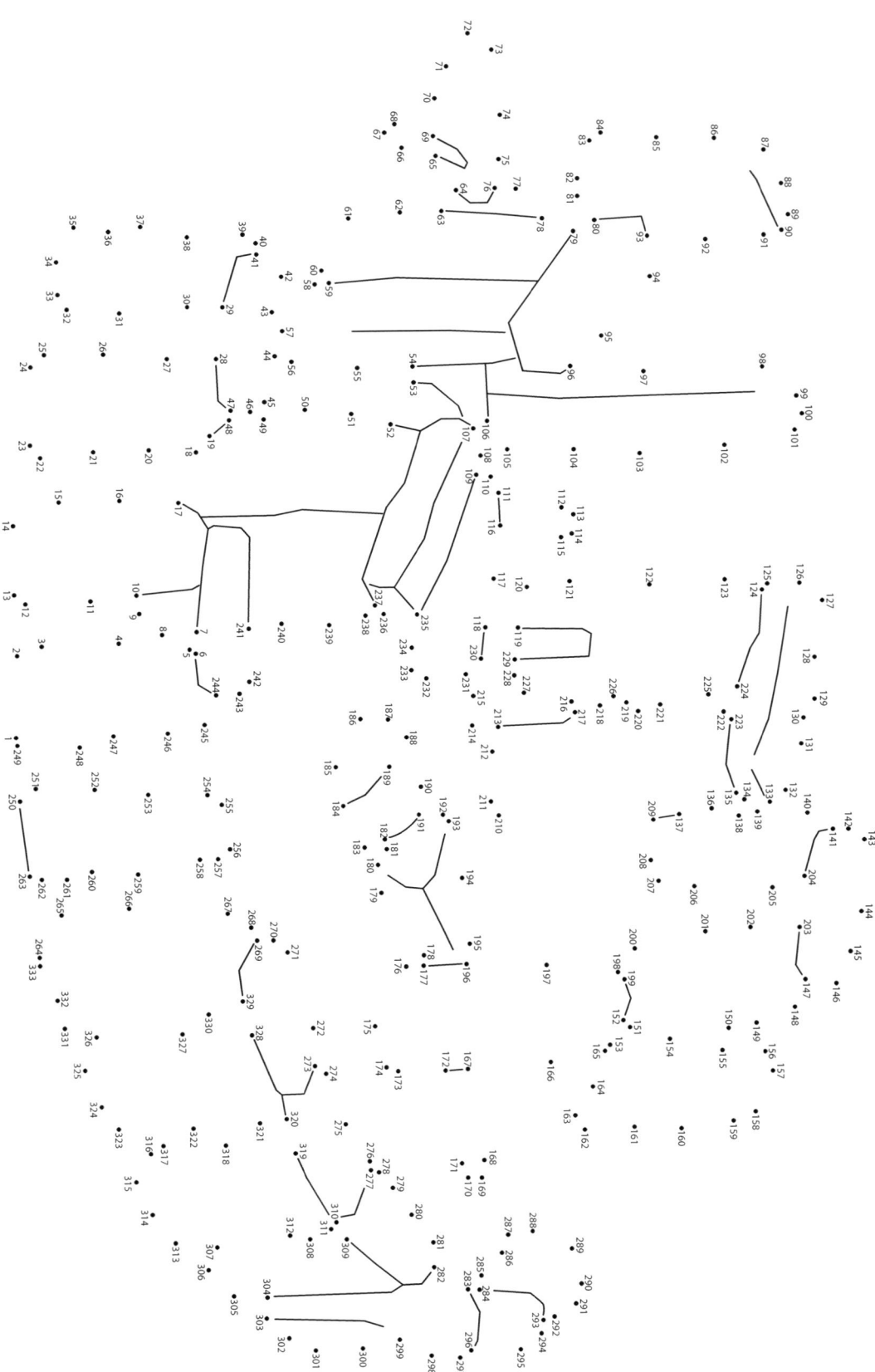

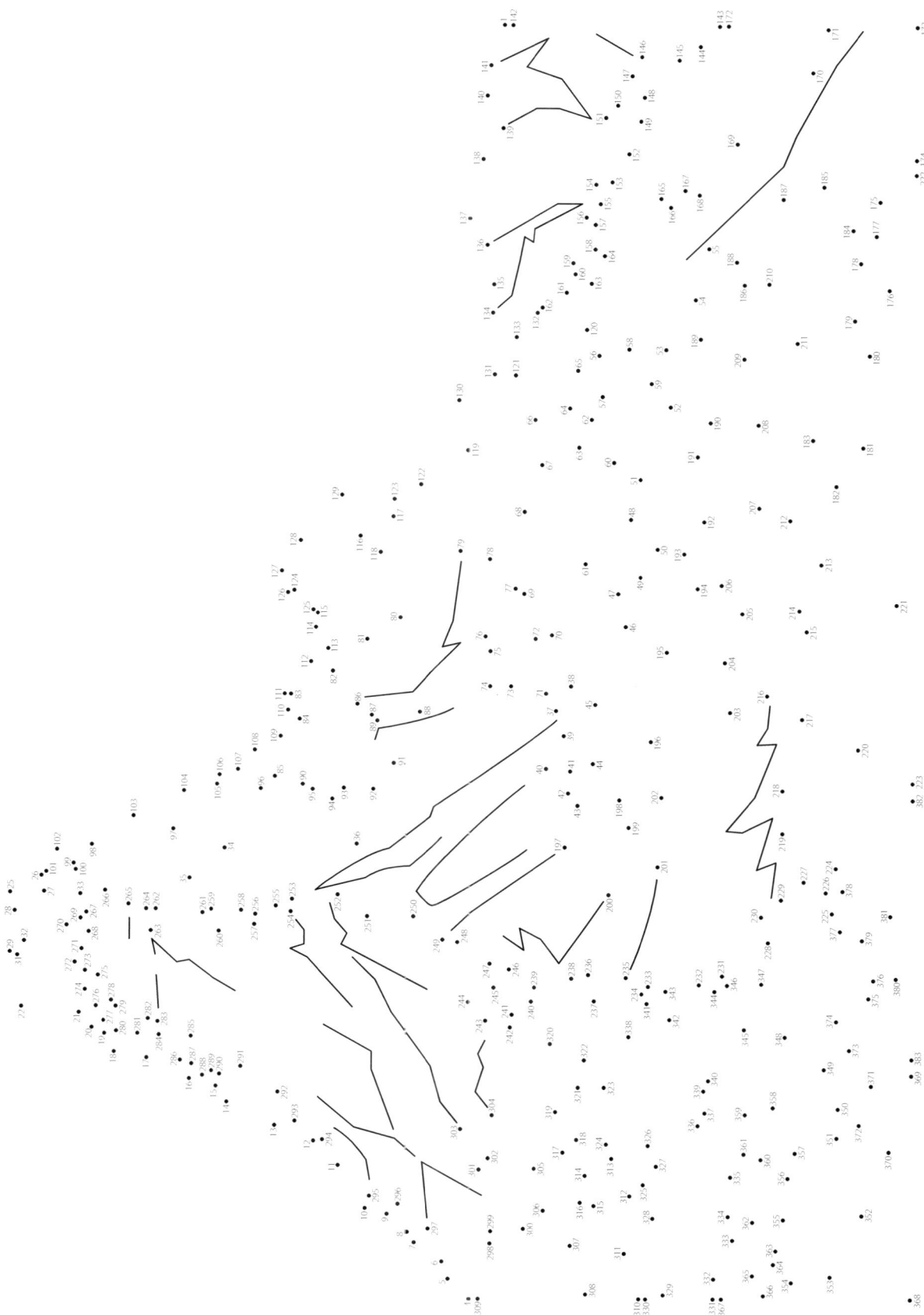

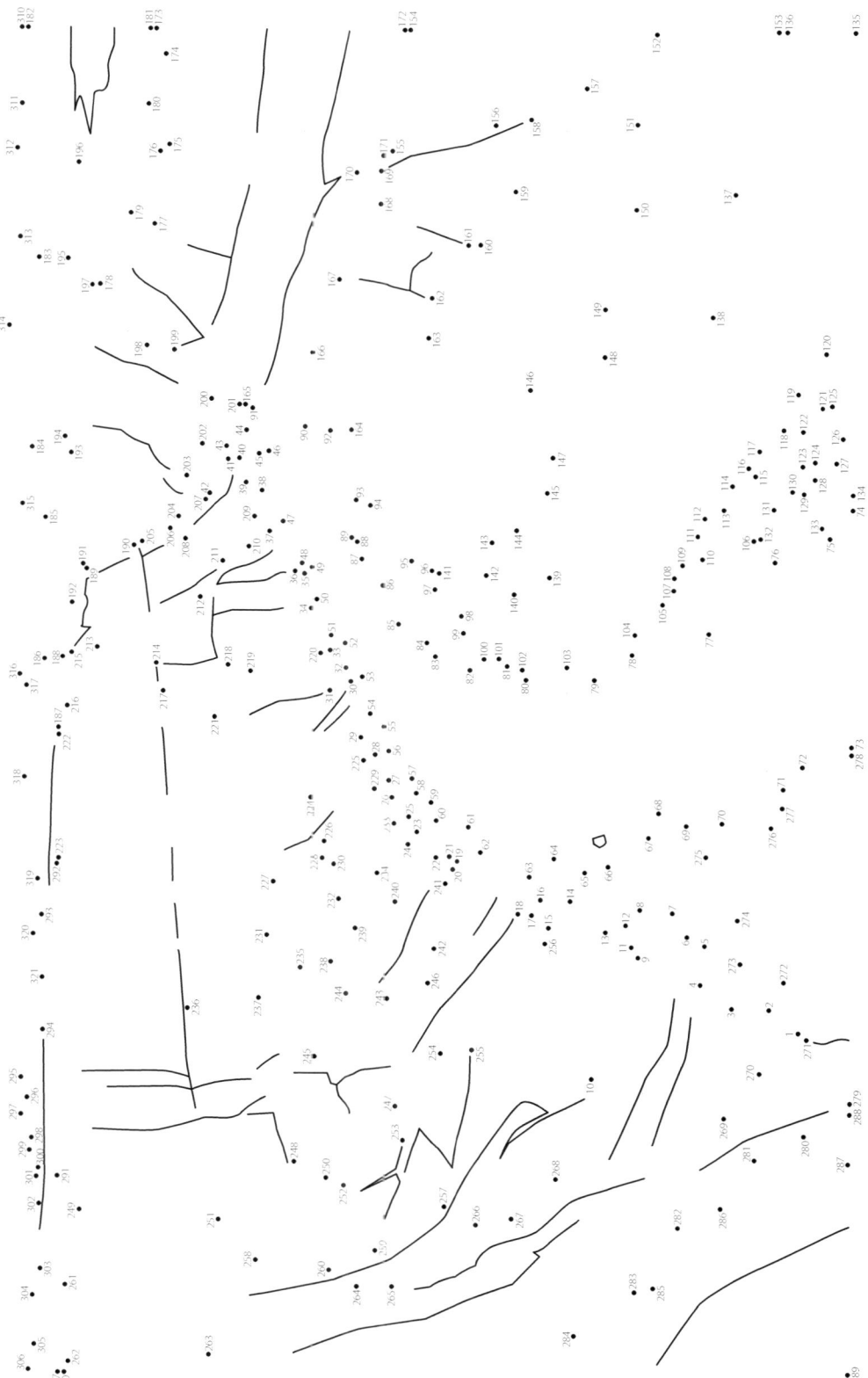

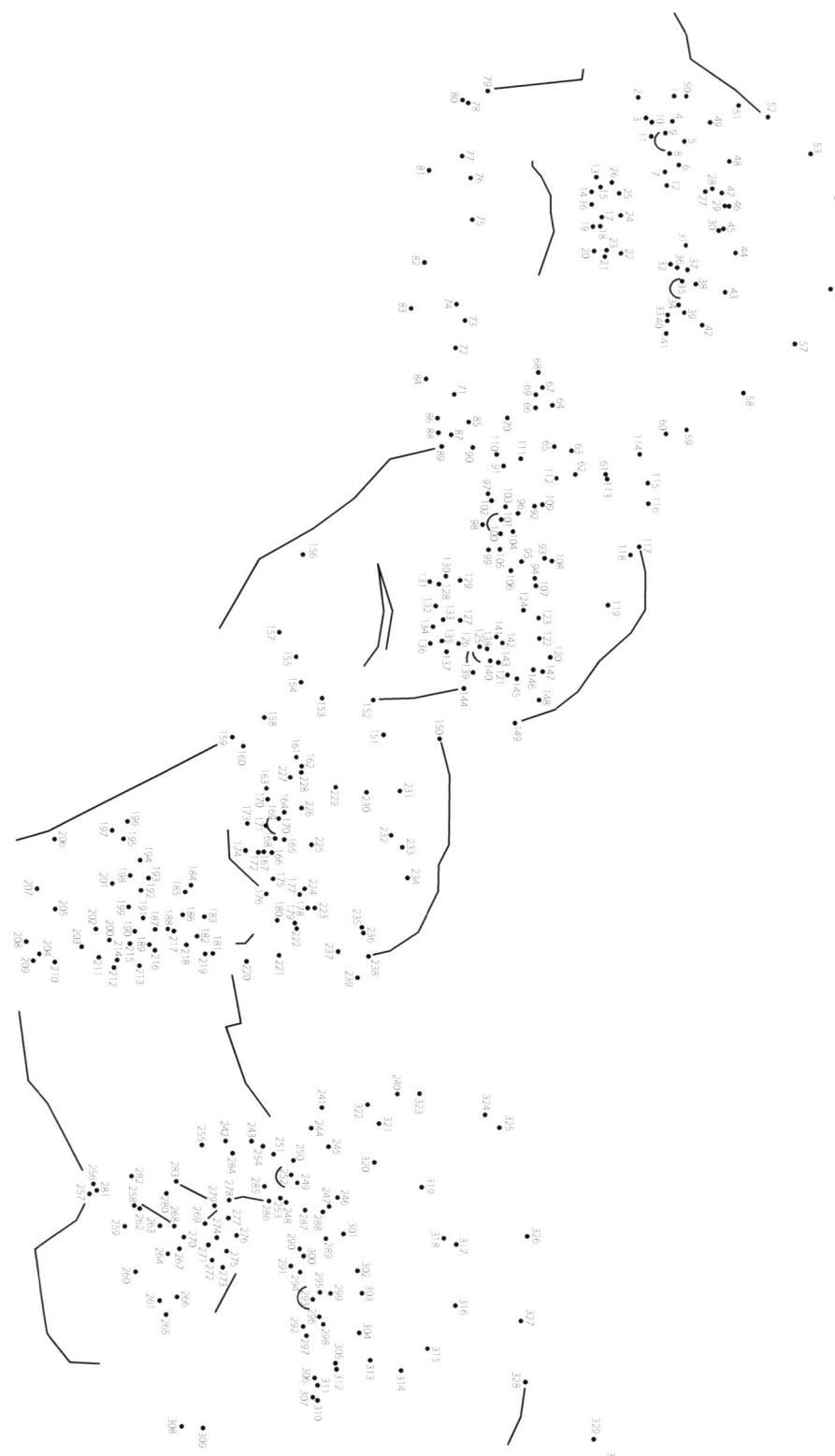

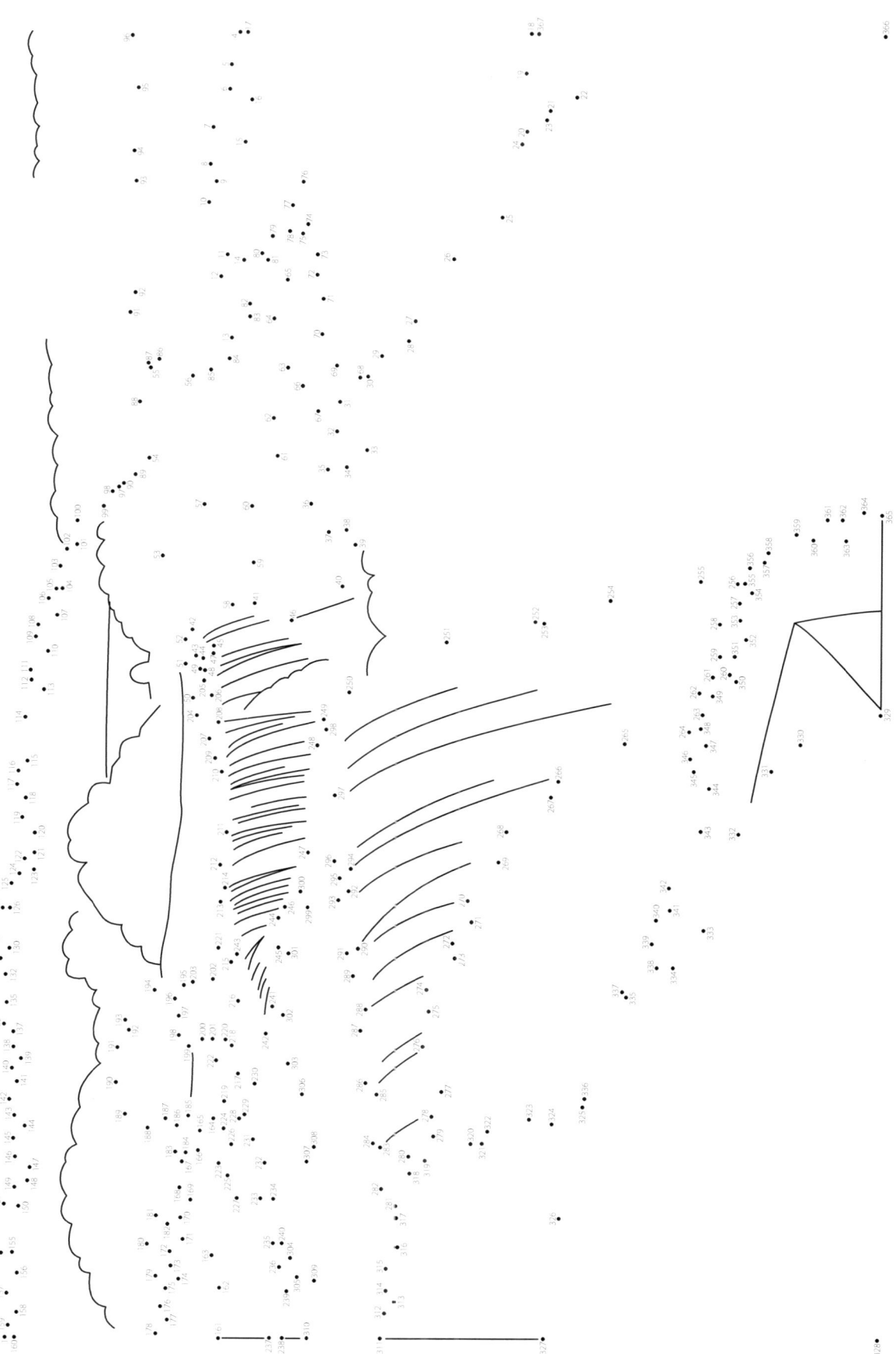

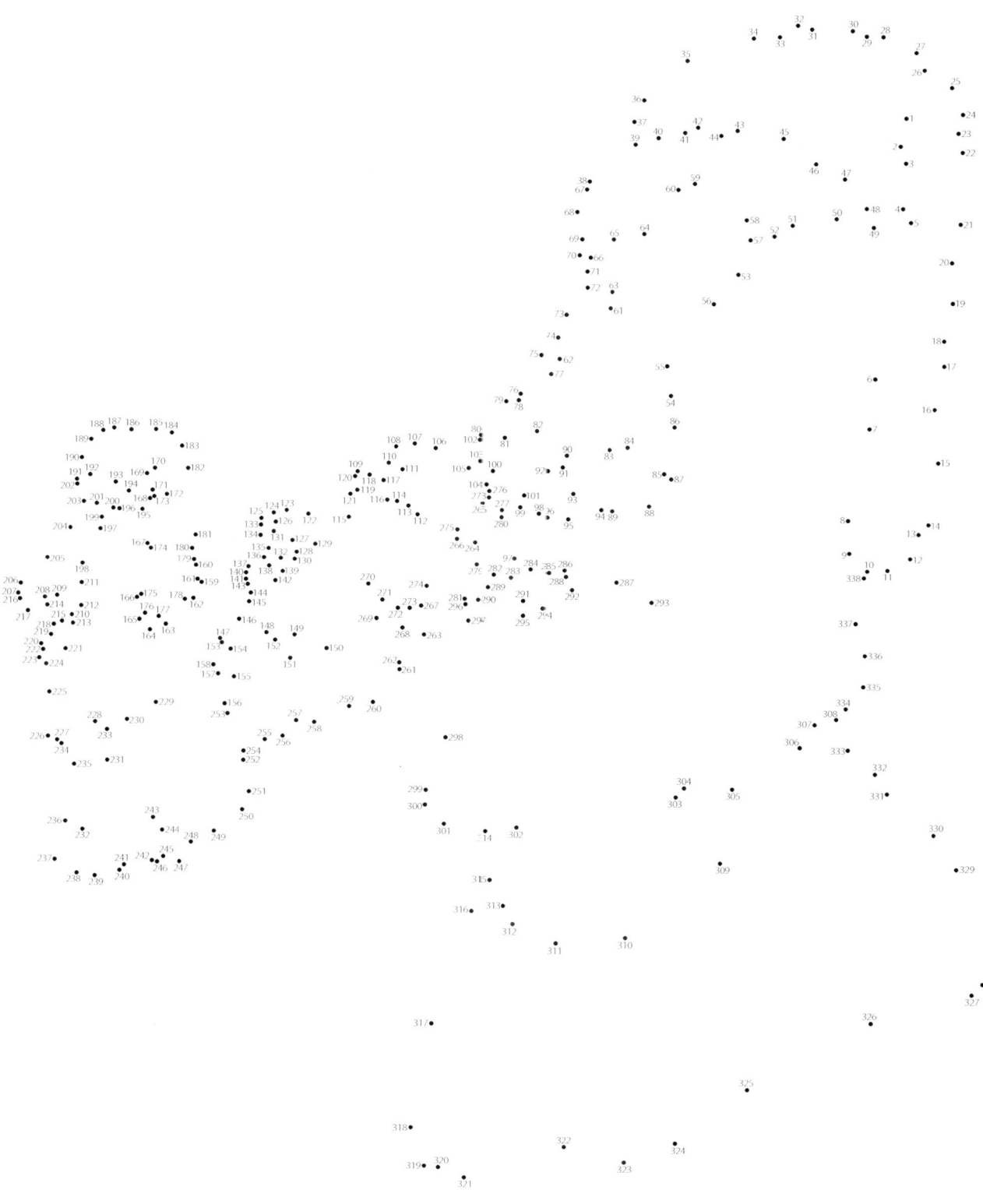

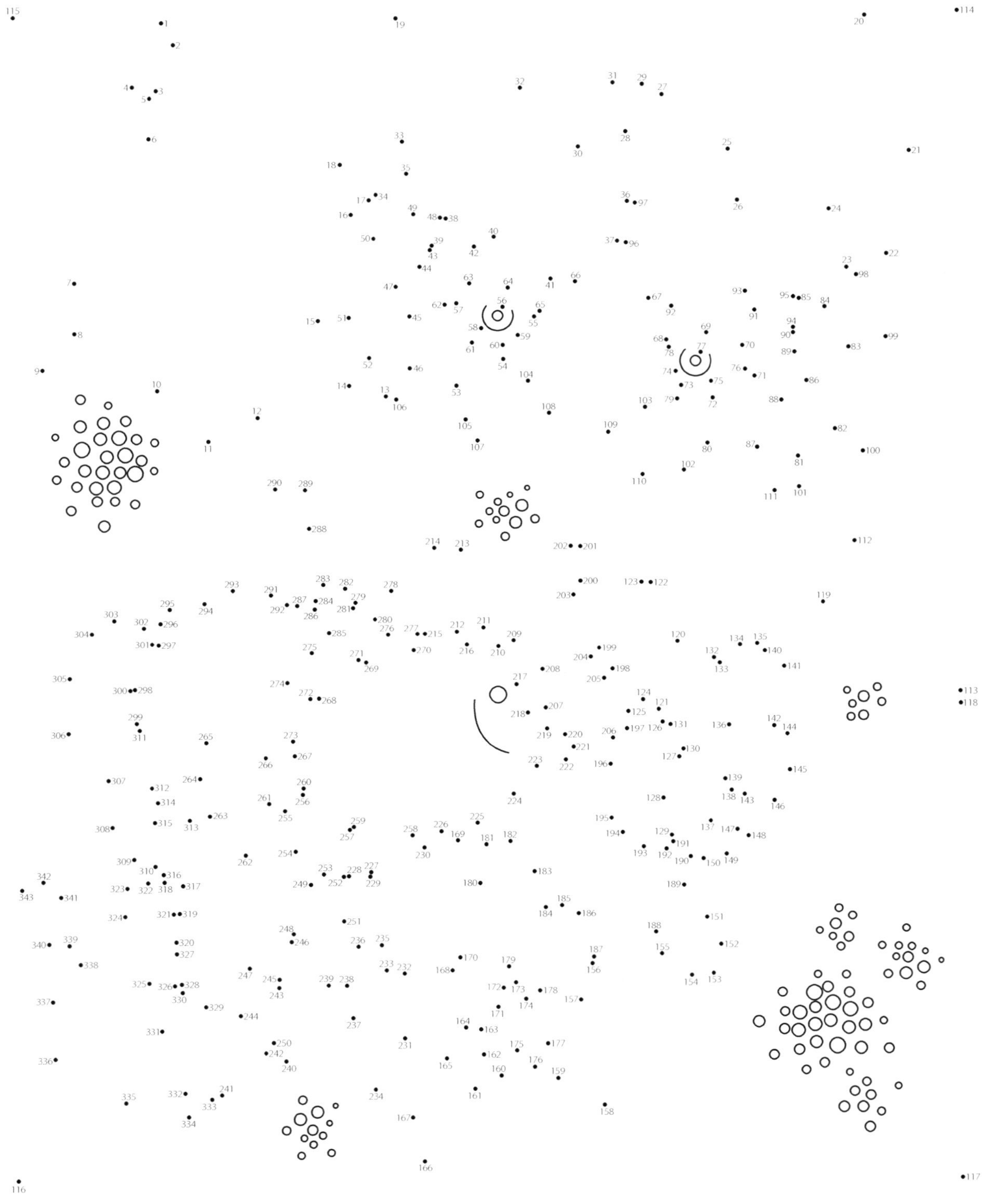

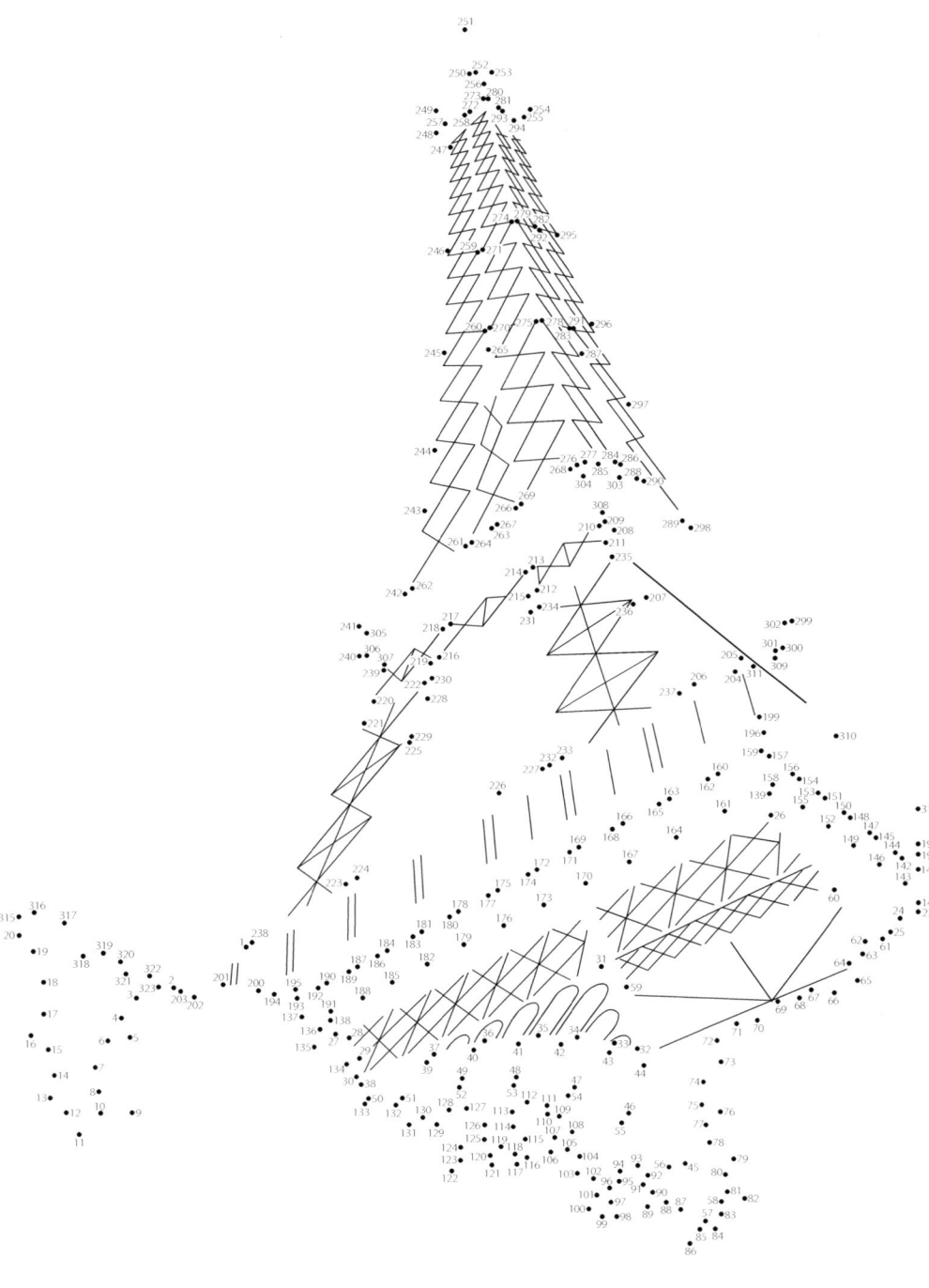

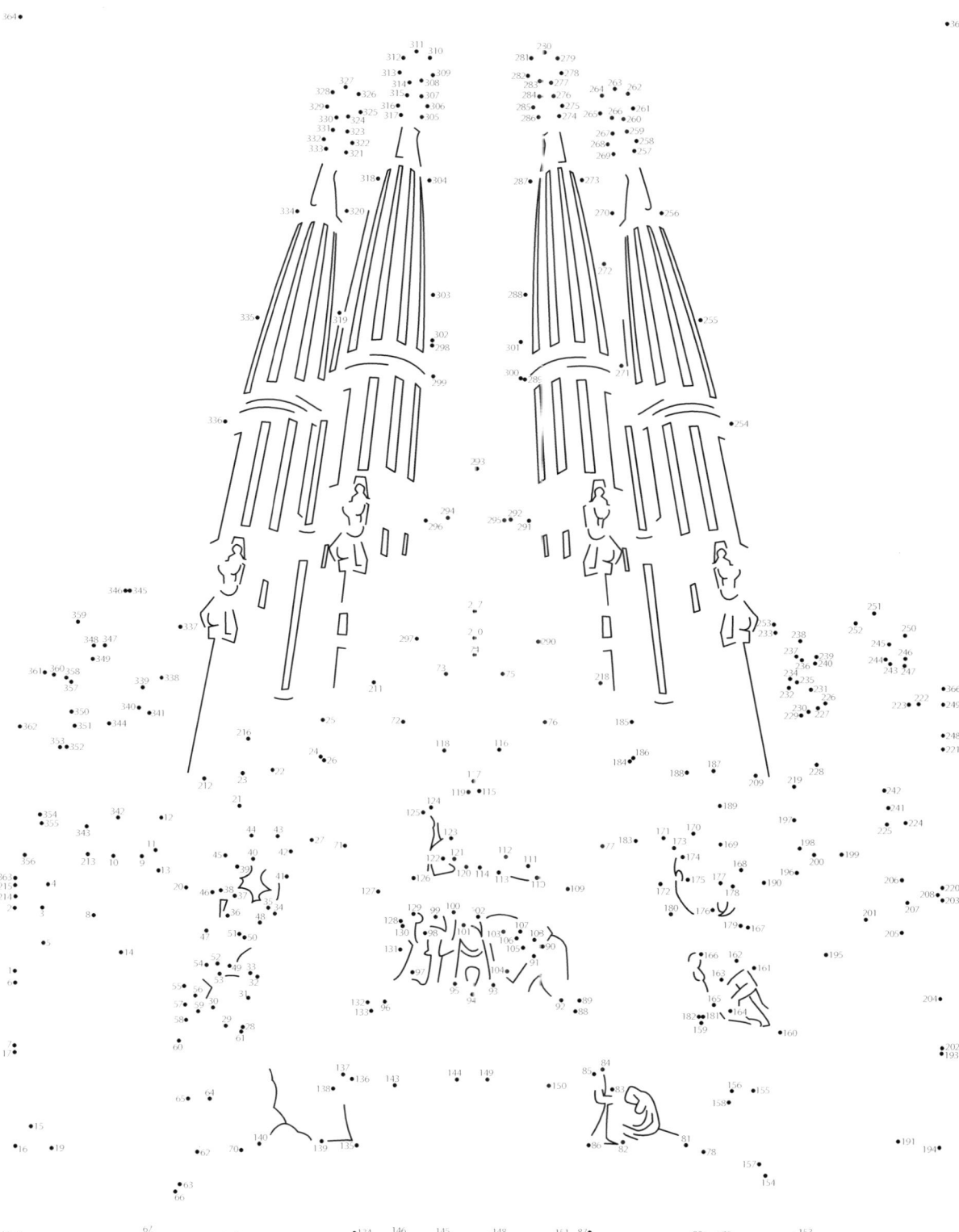

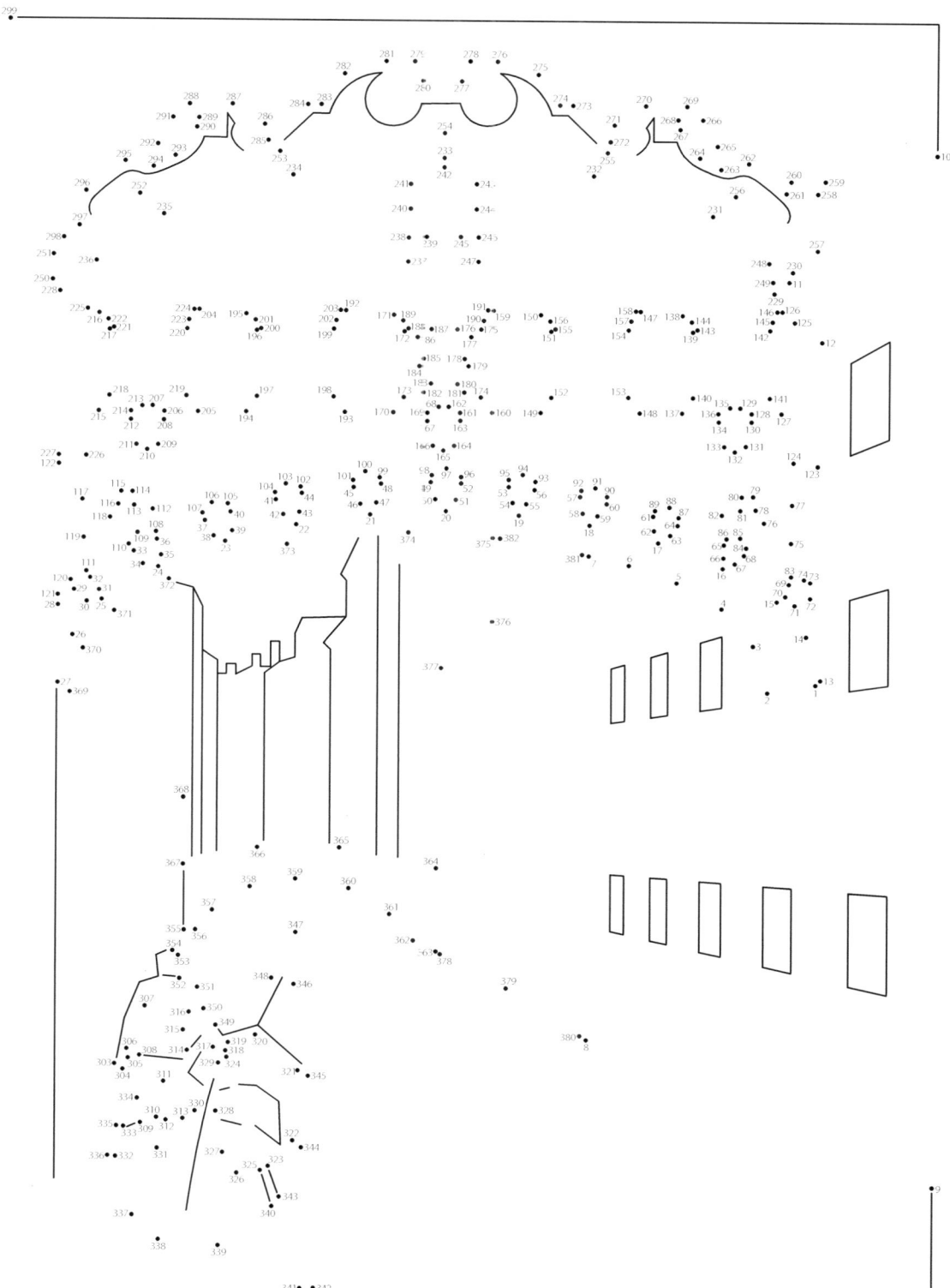

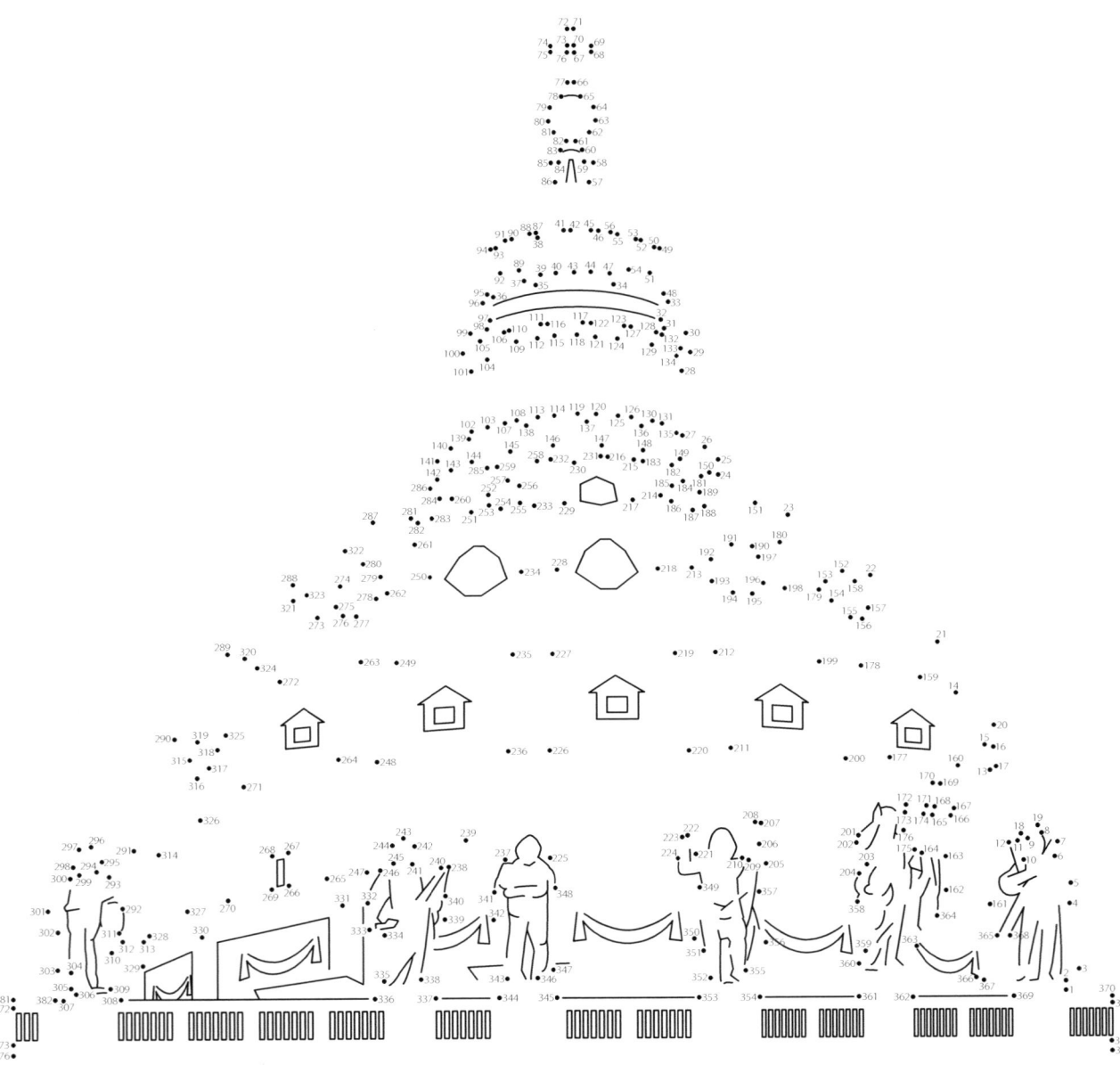

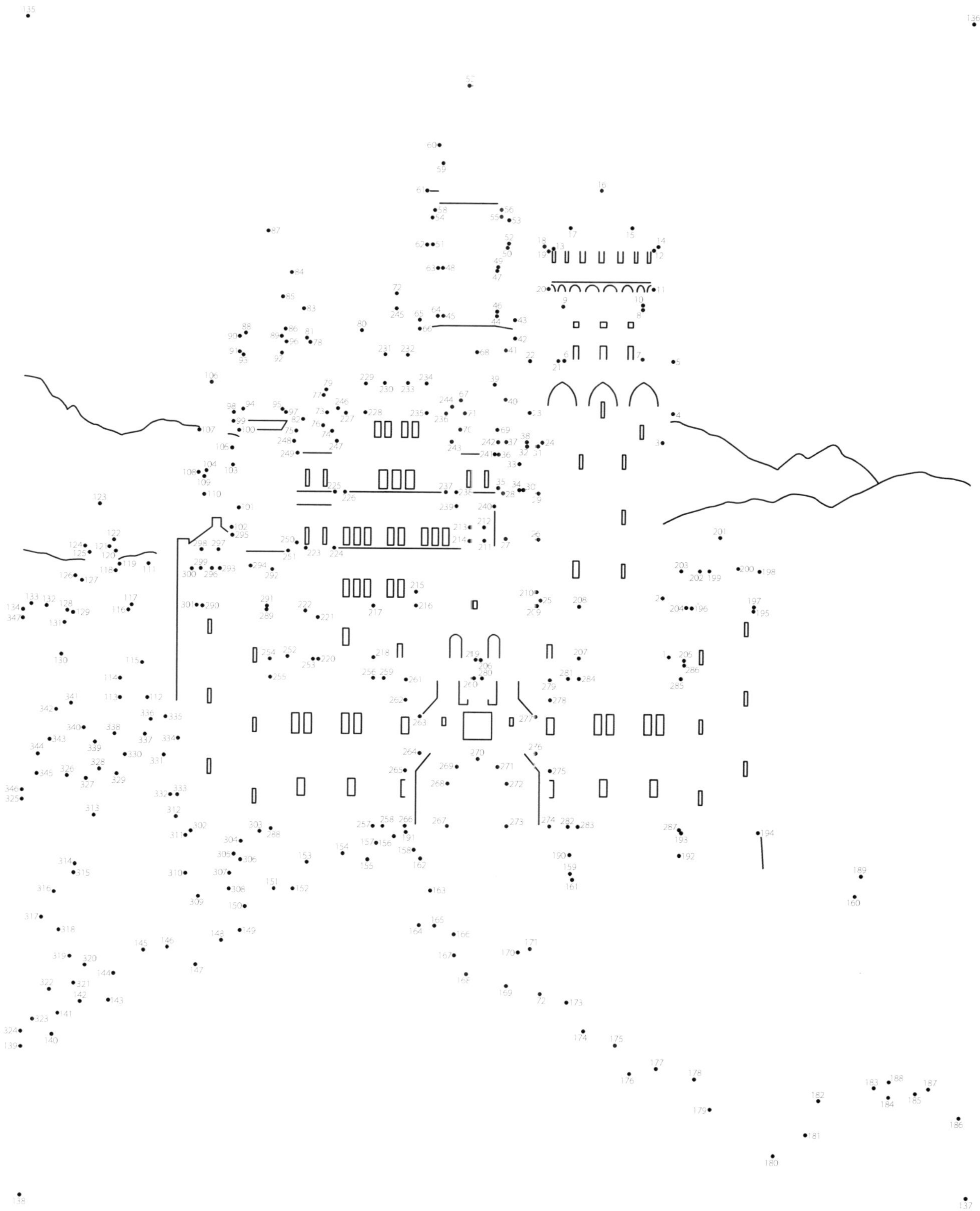

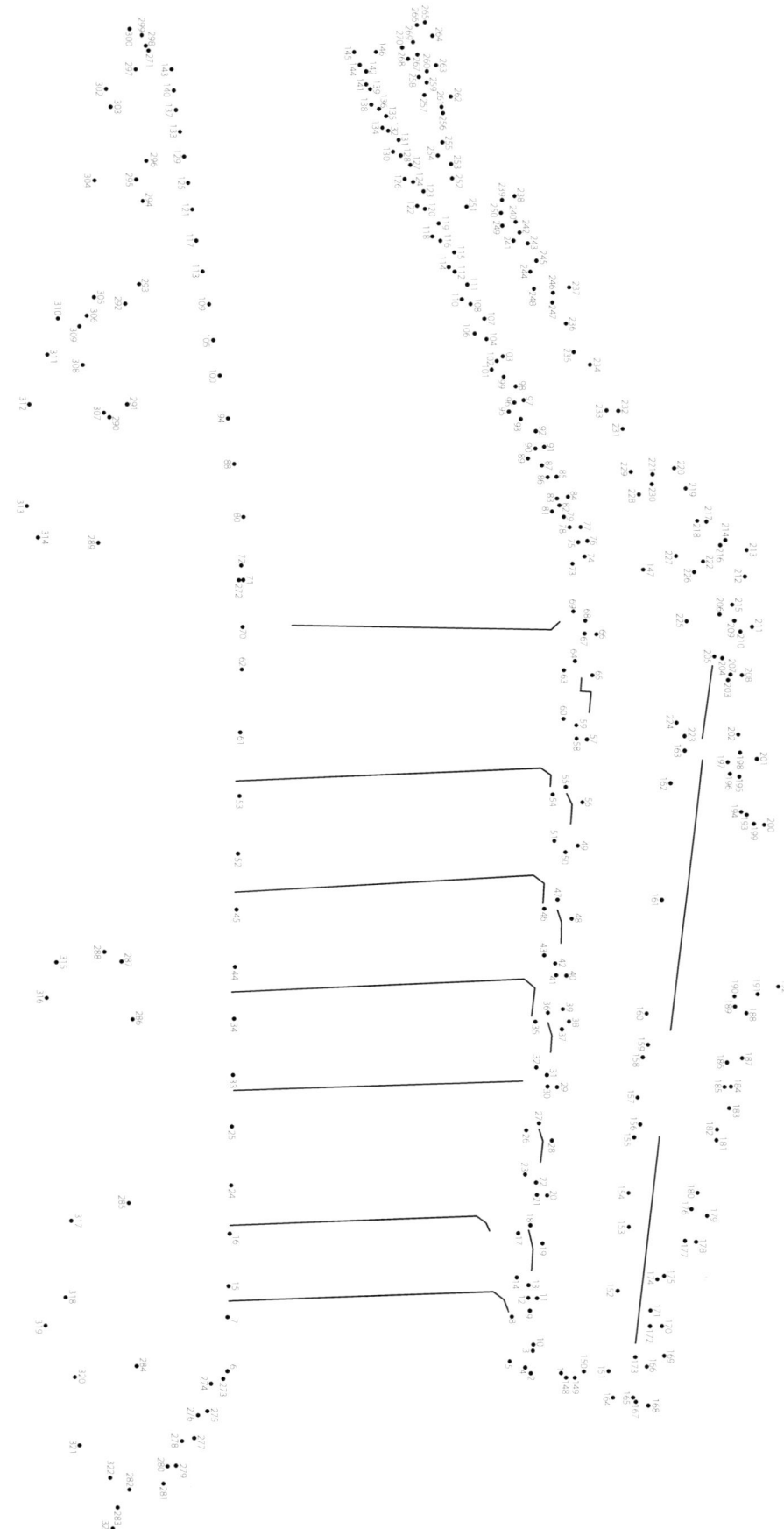

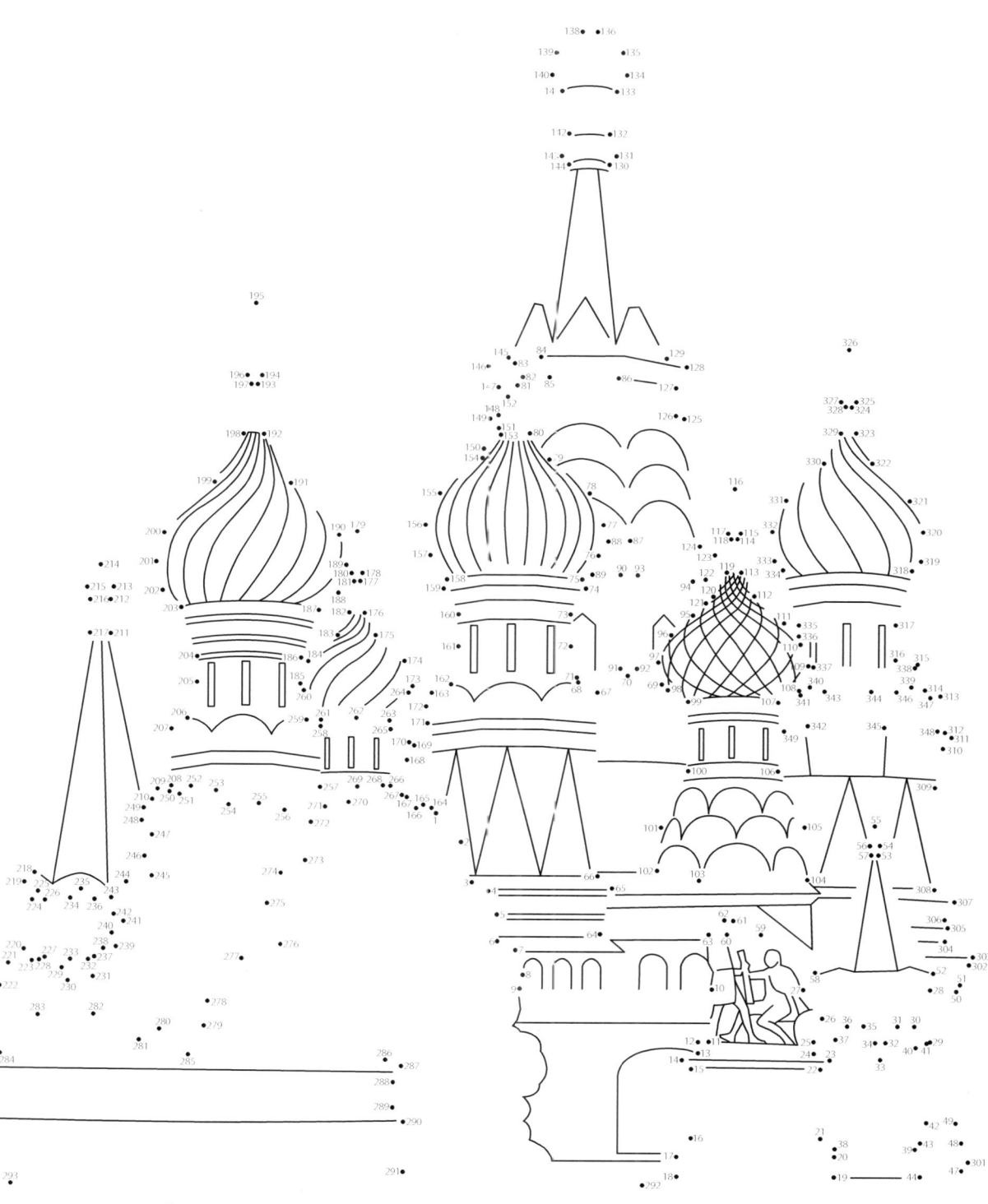

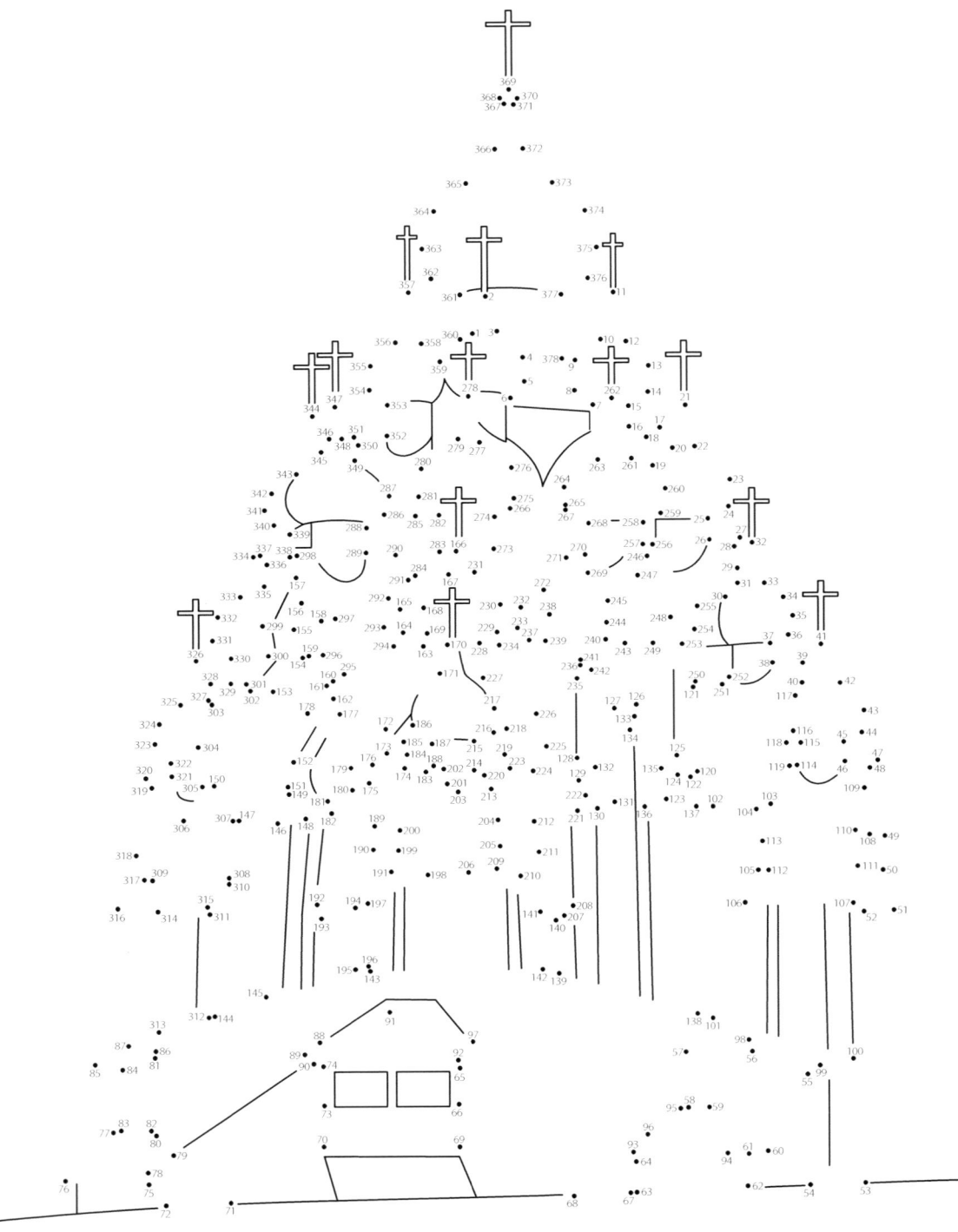

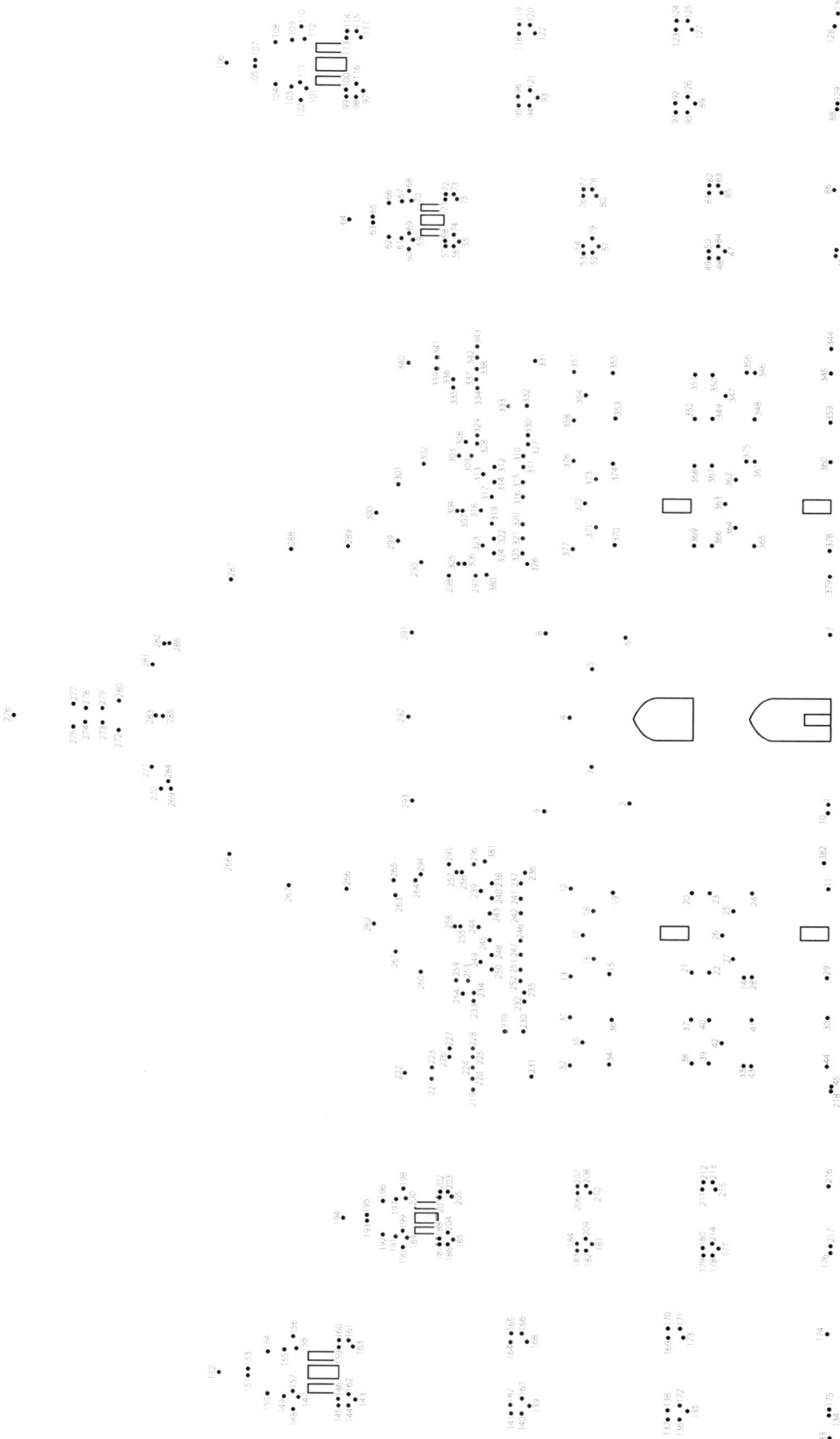

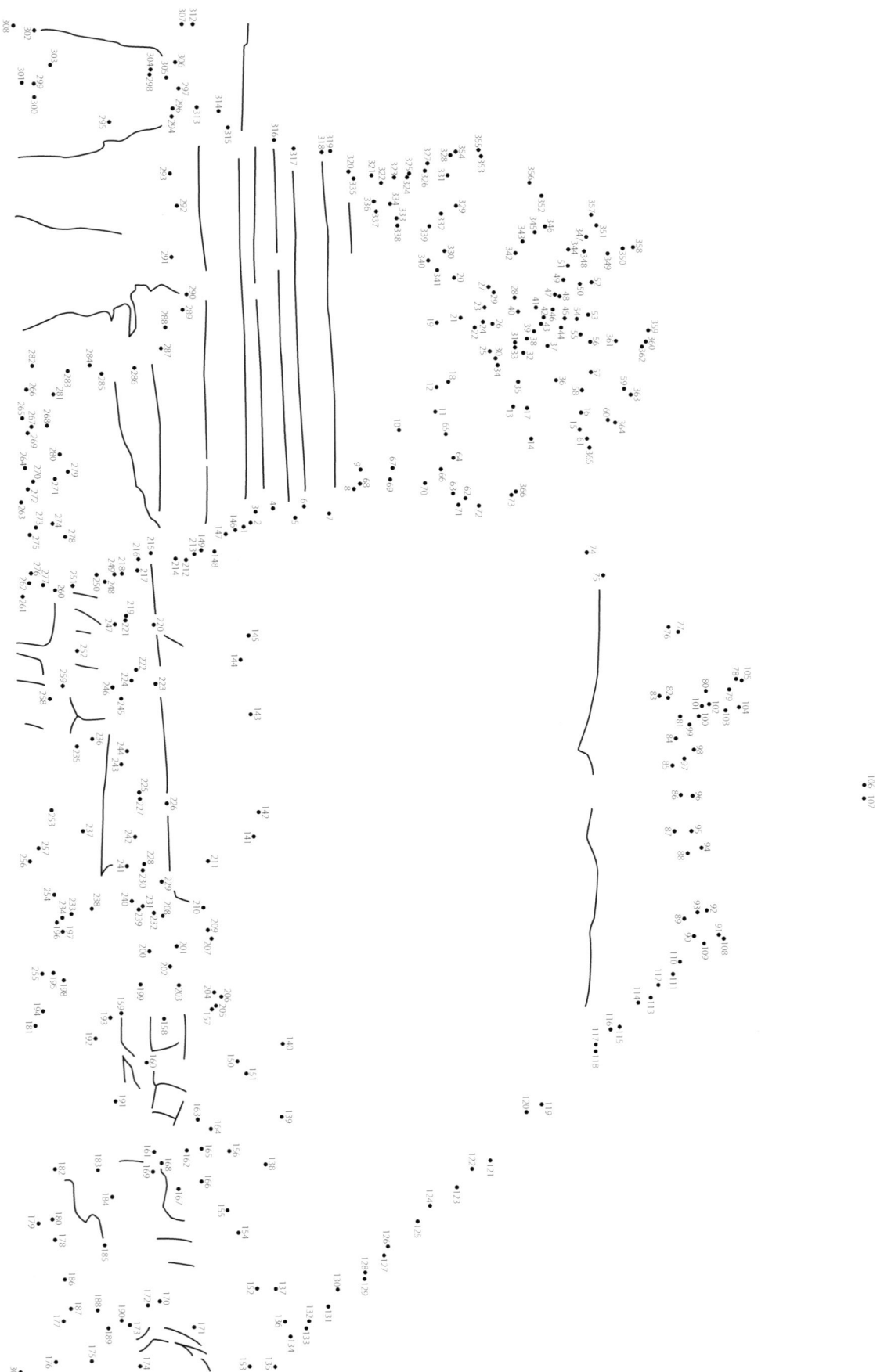

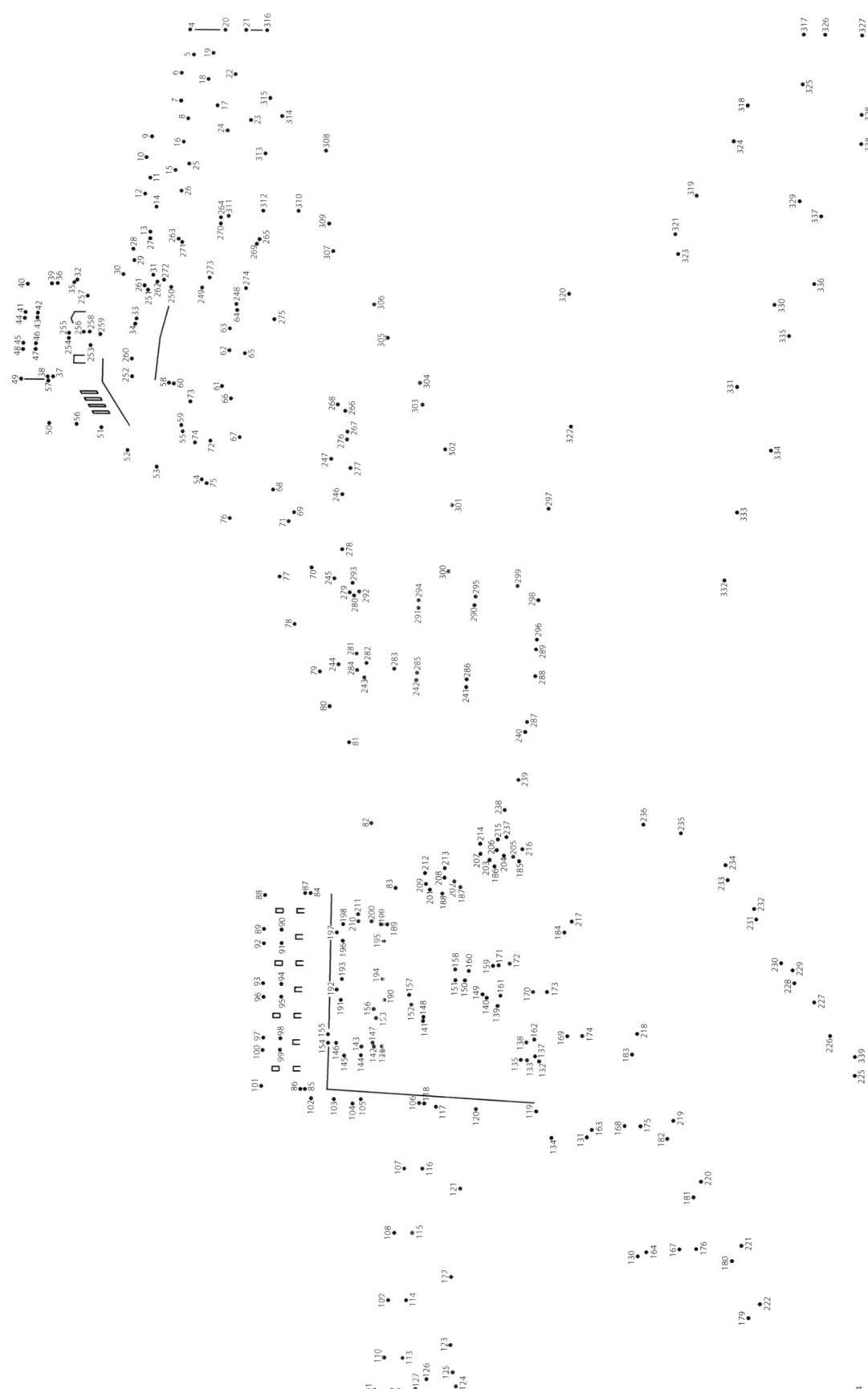

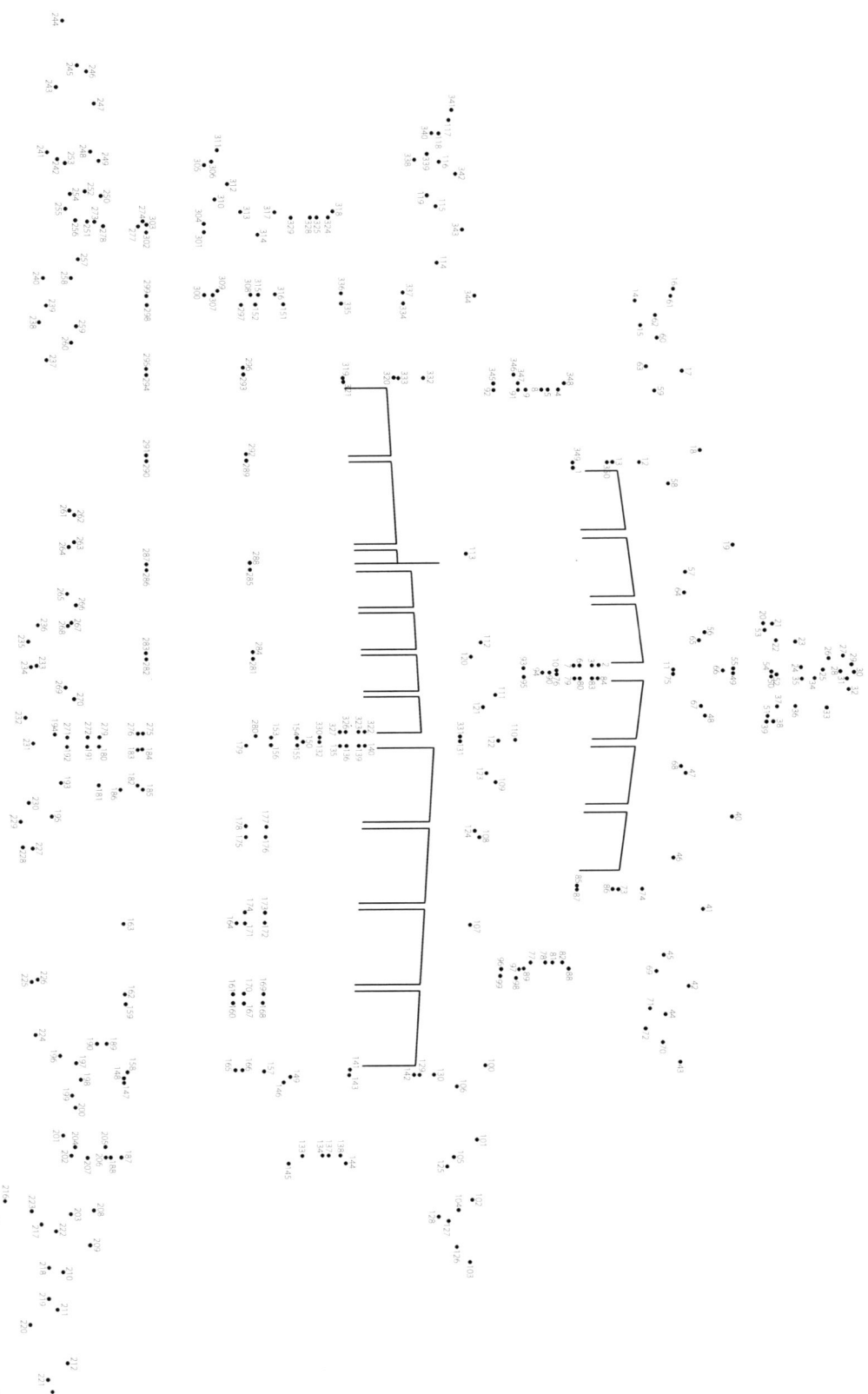

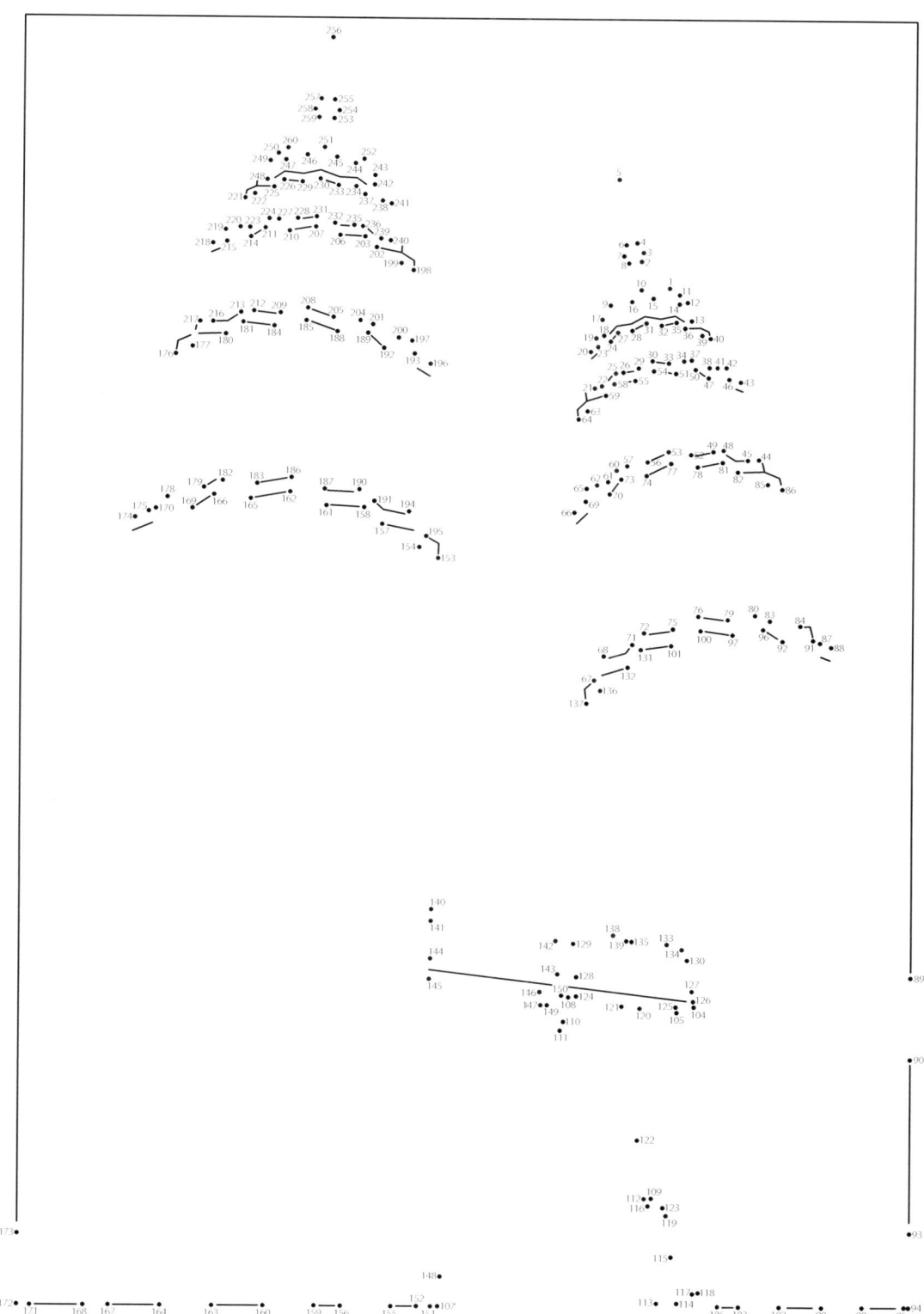

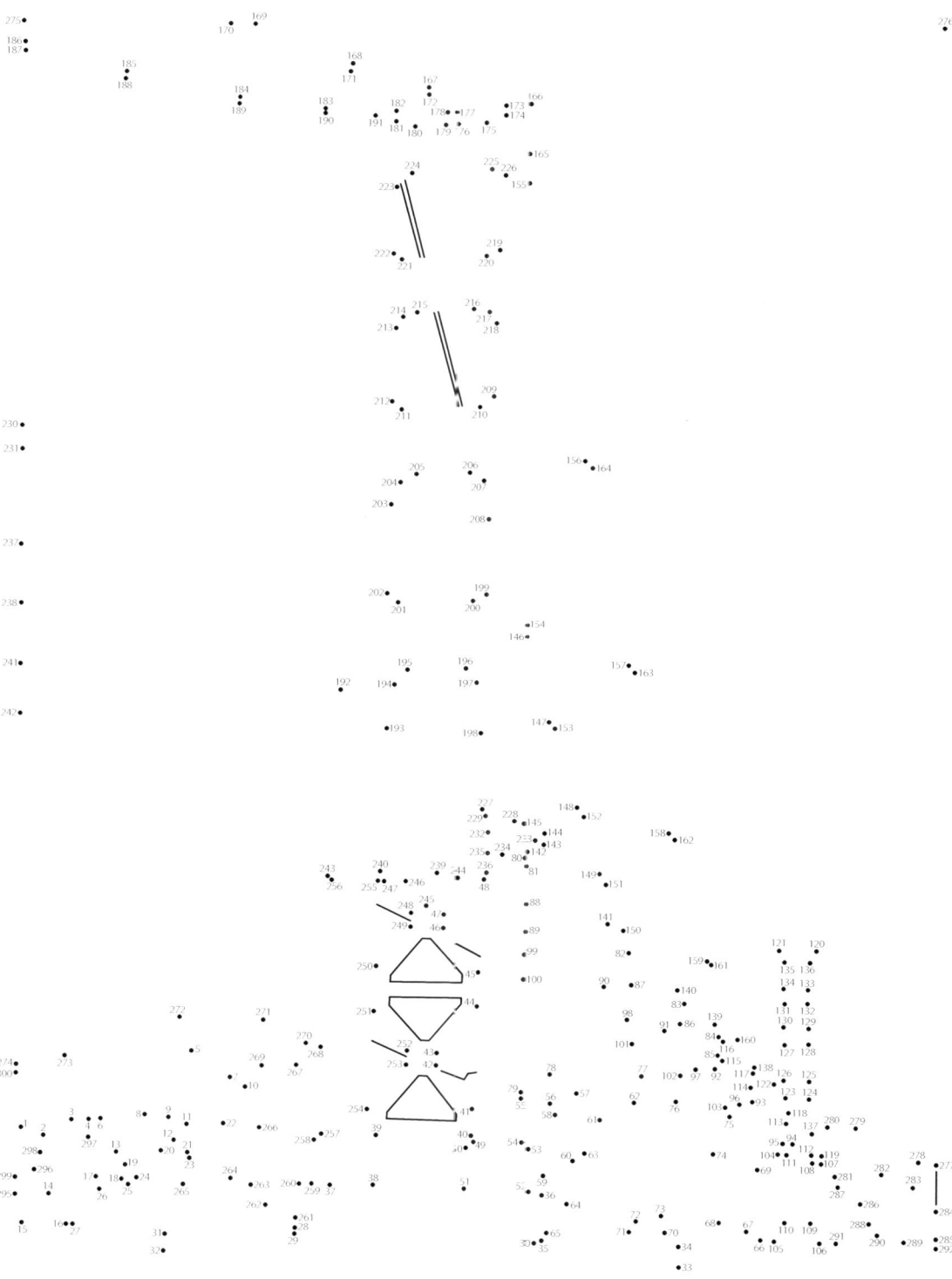

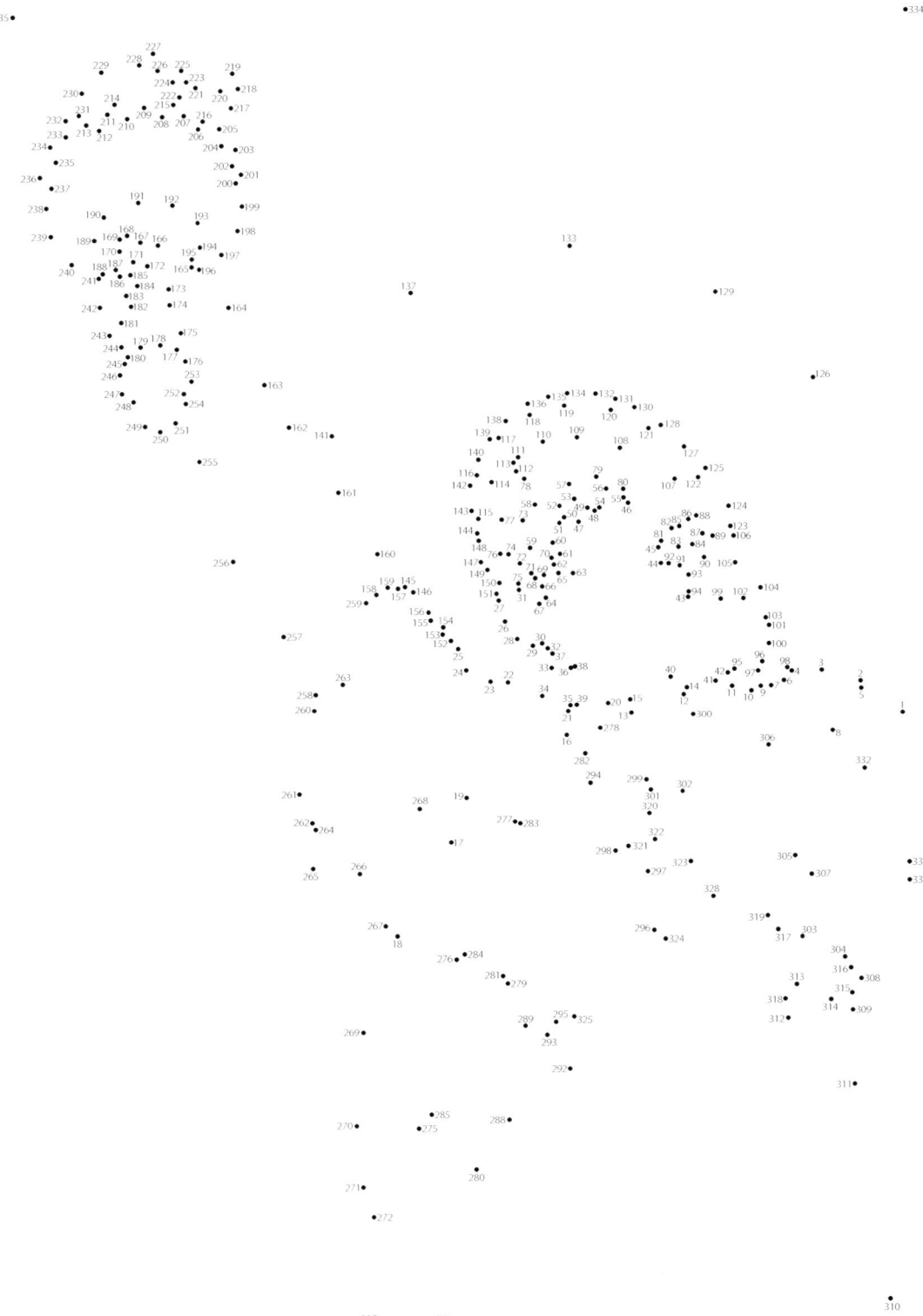

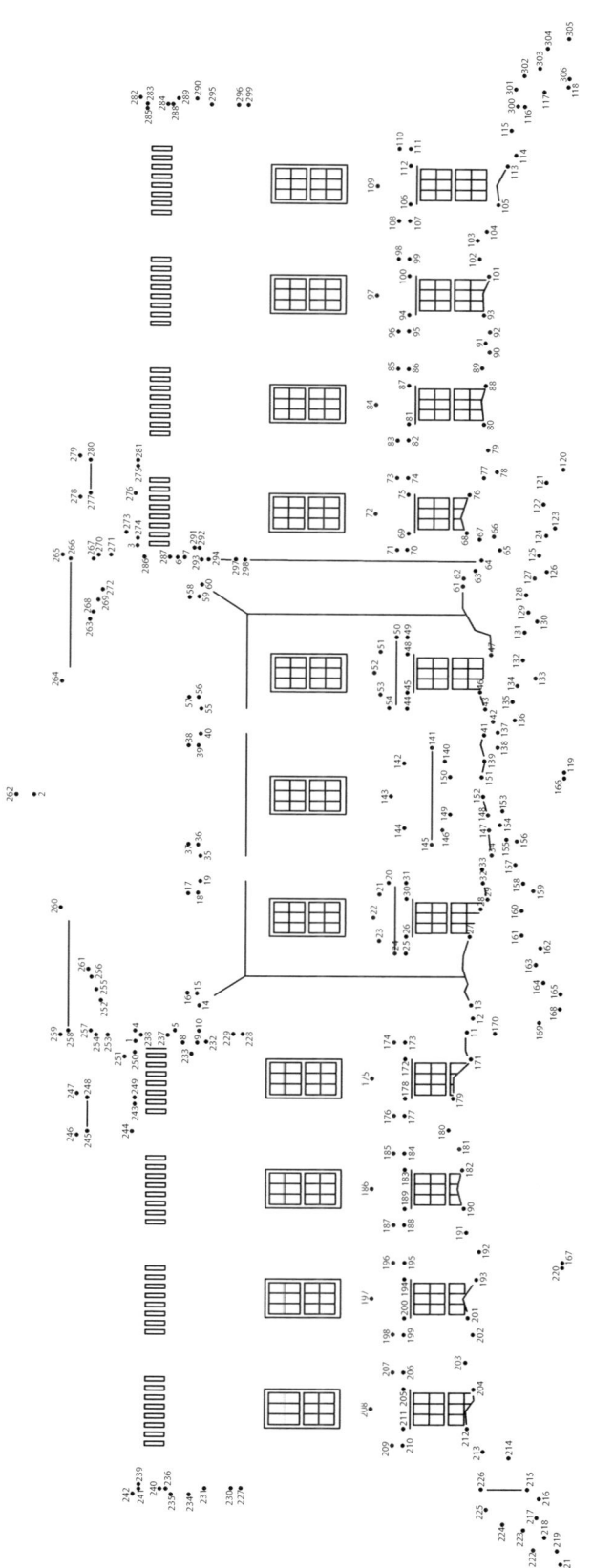

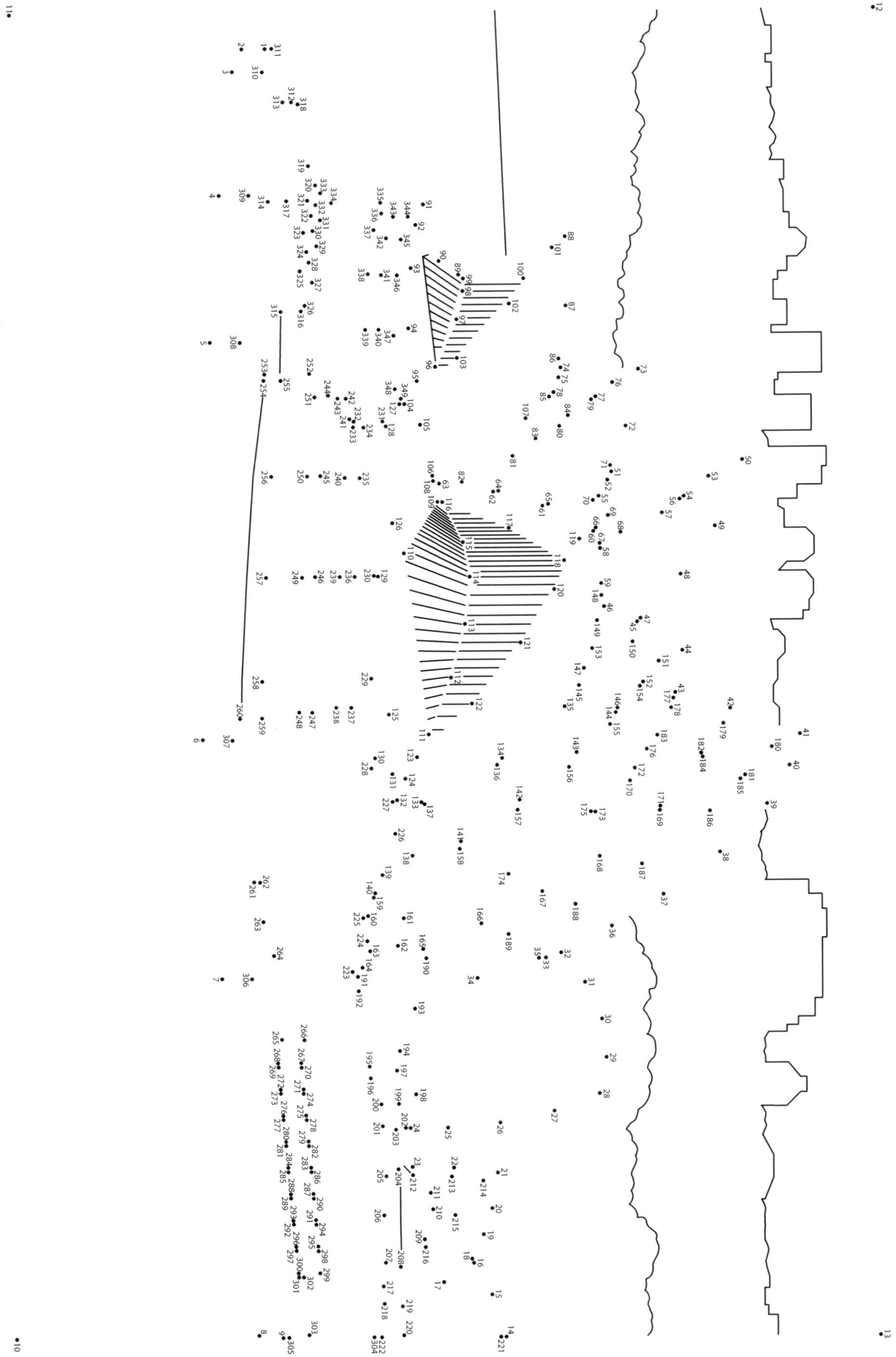

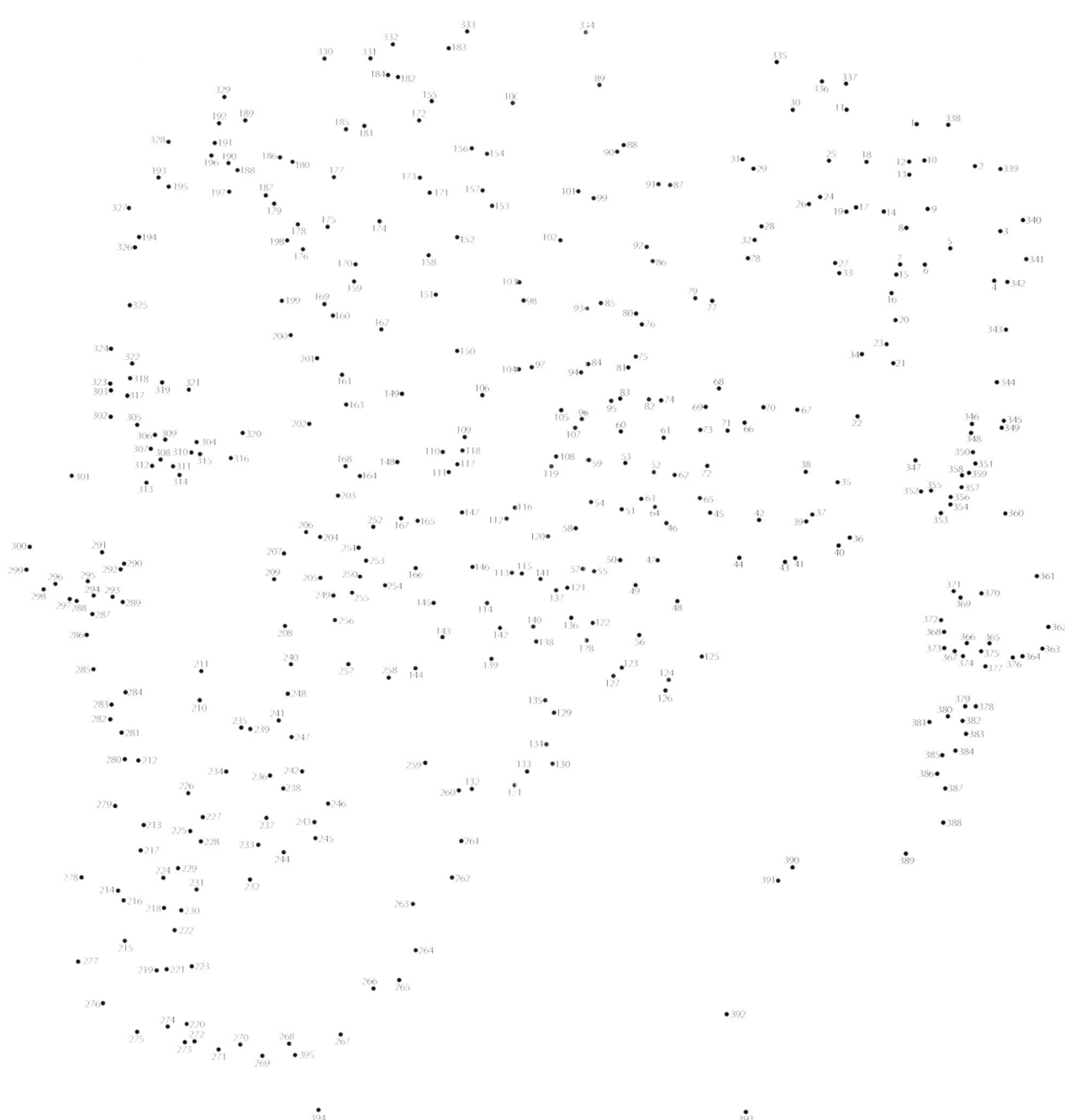

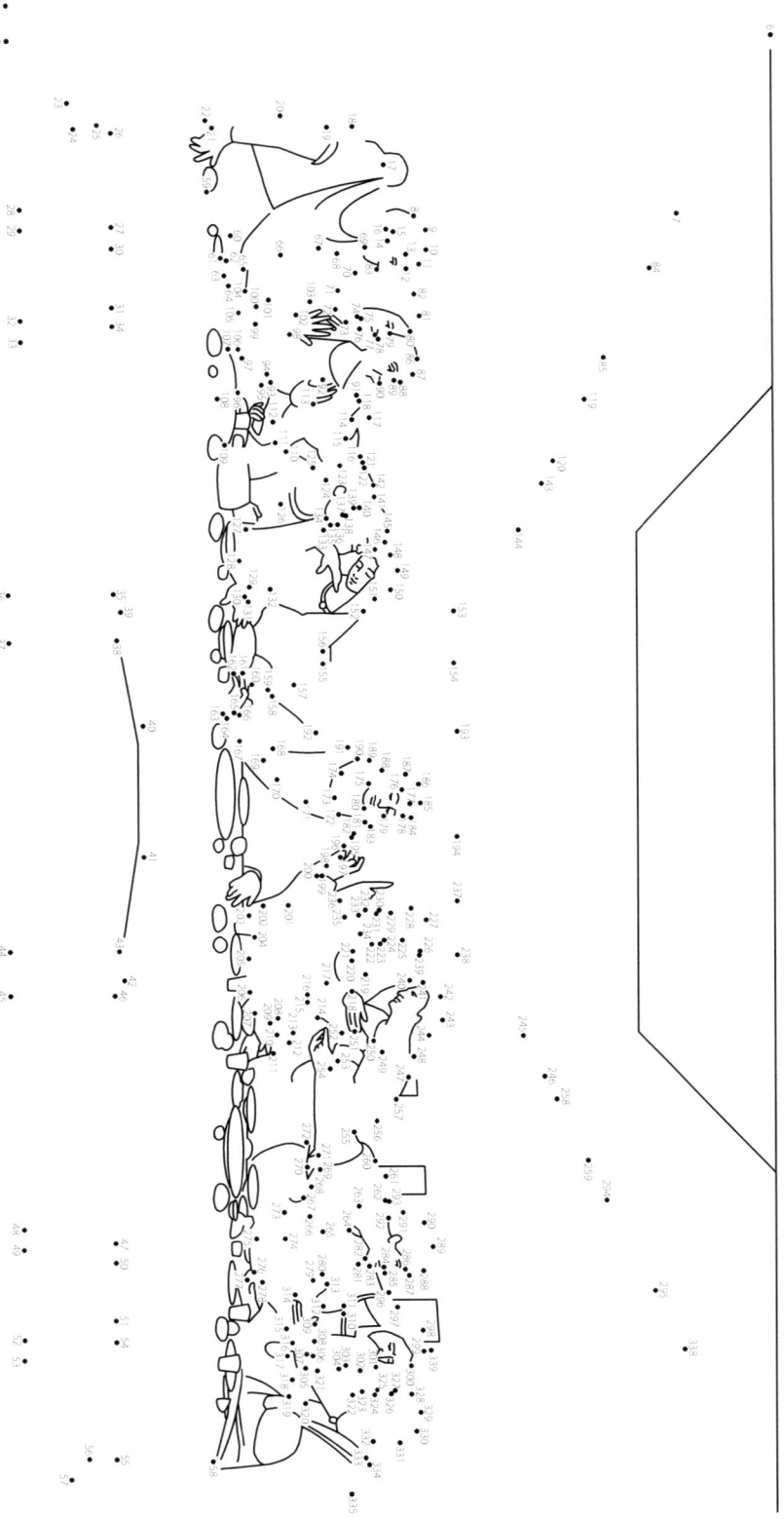

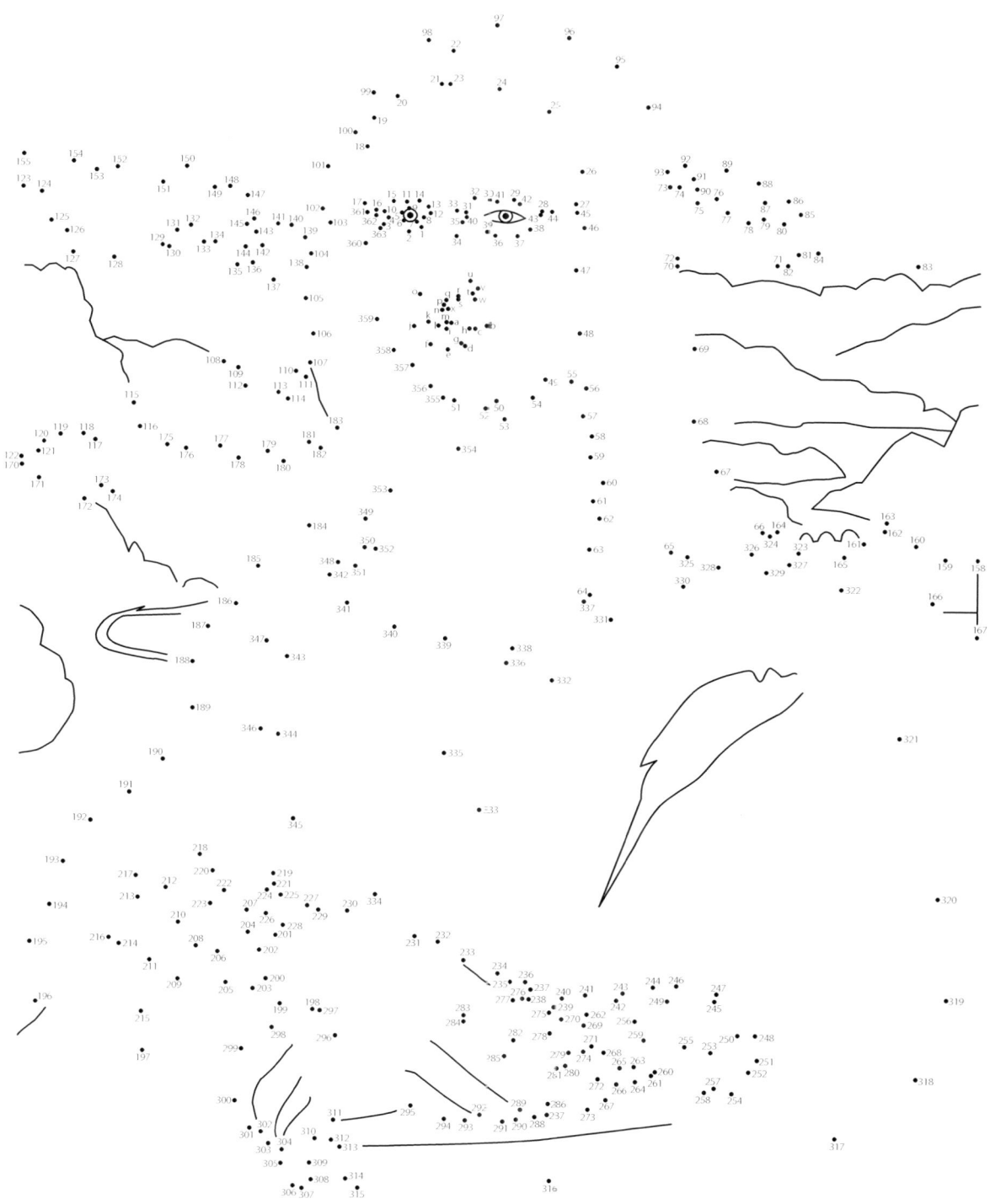

Este dibujo está realizado con dos líneas continuas:
a) números y b) letras minúsculas

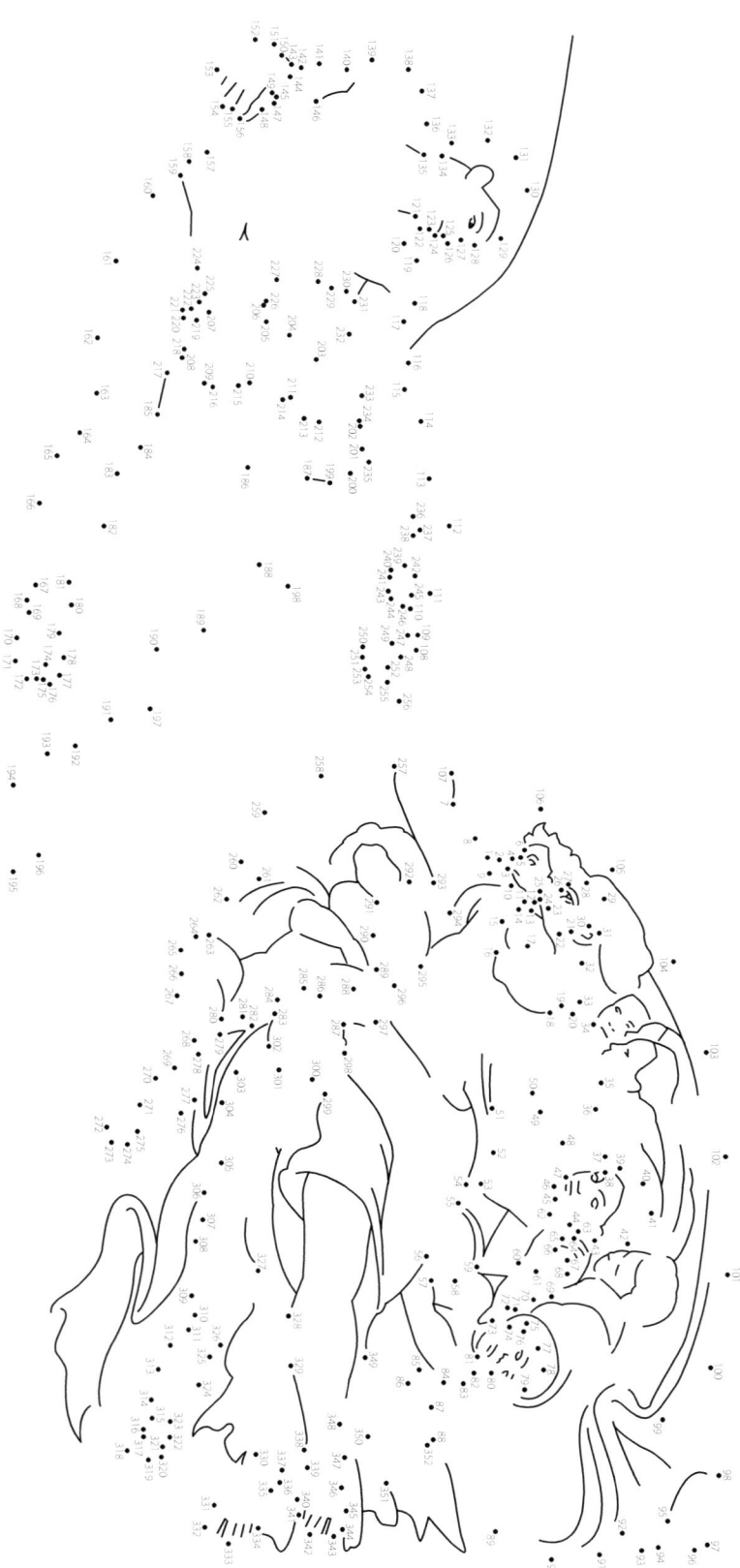

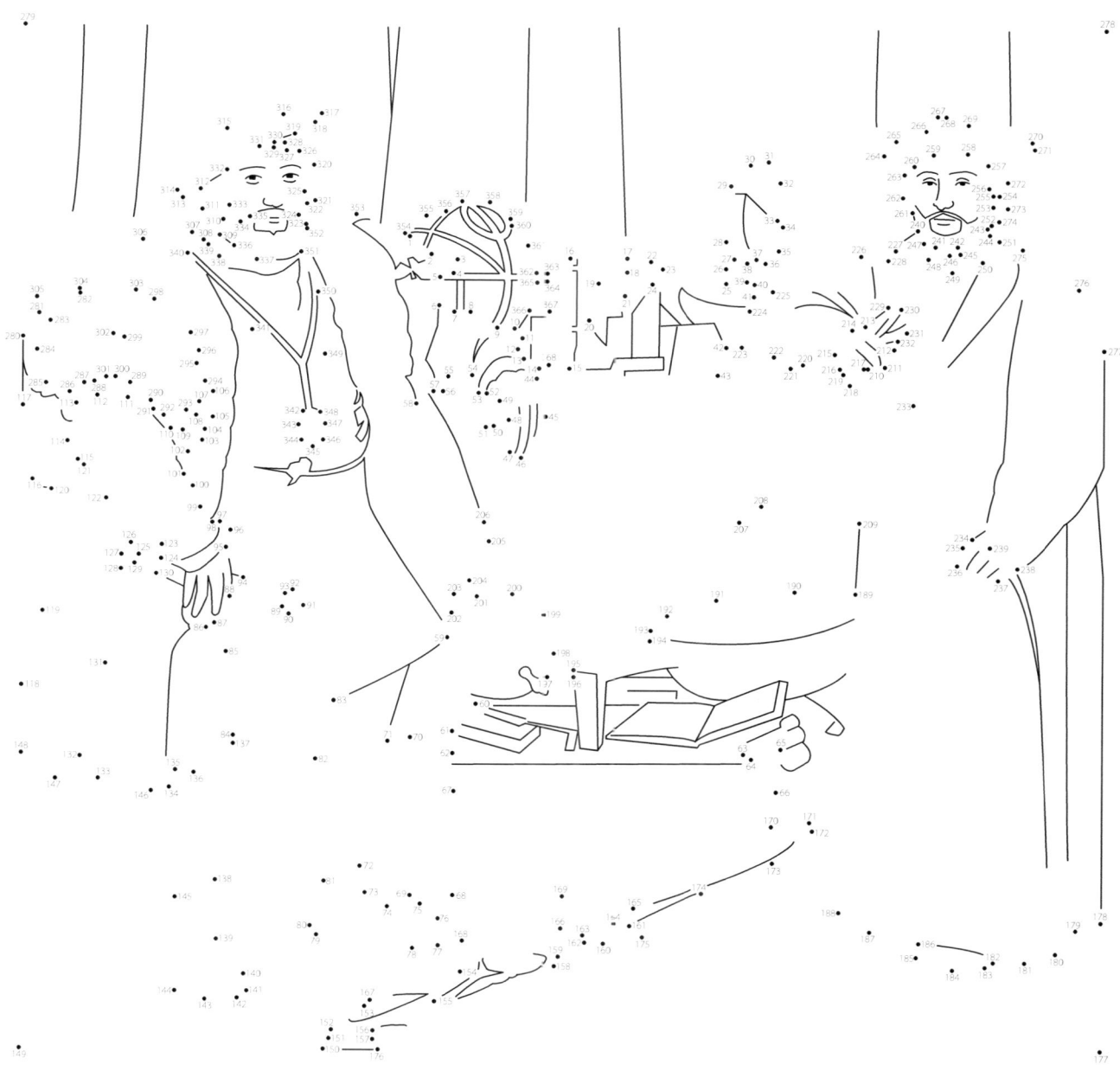

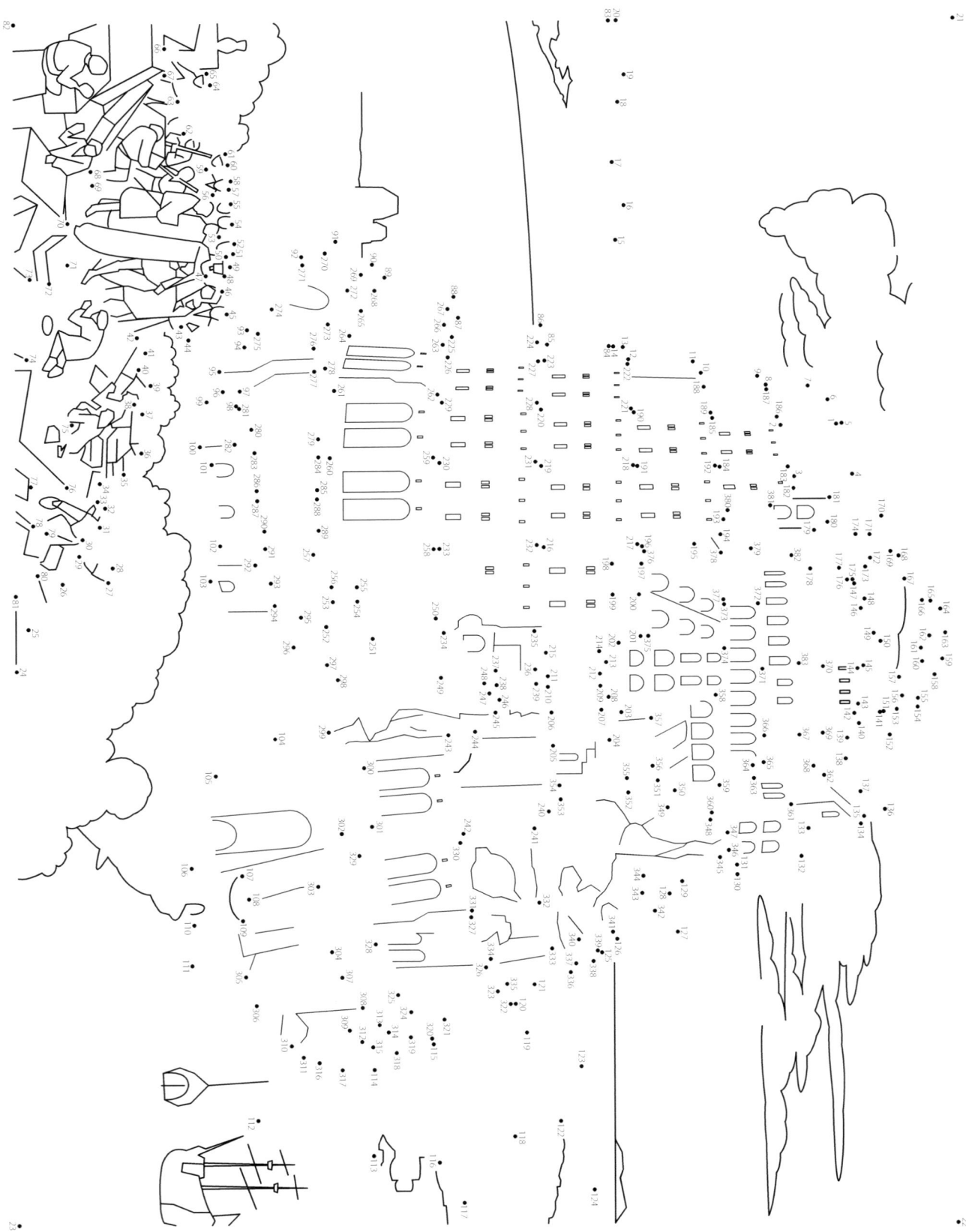

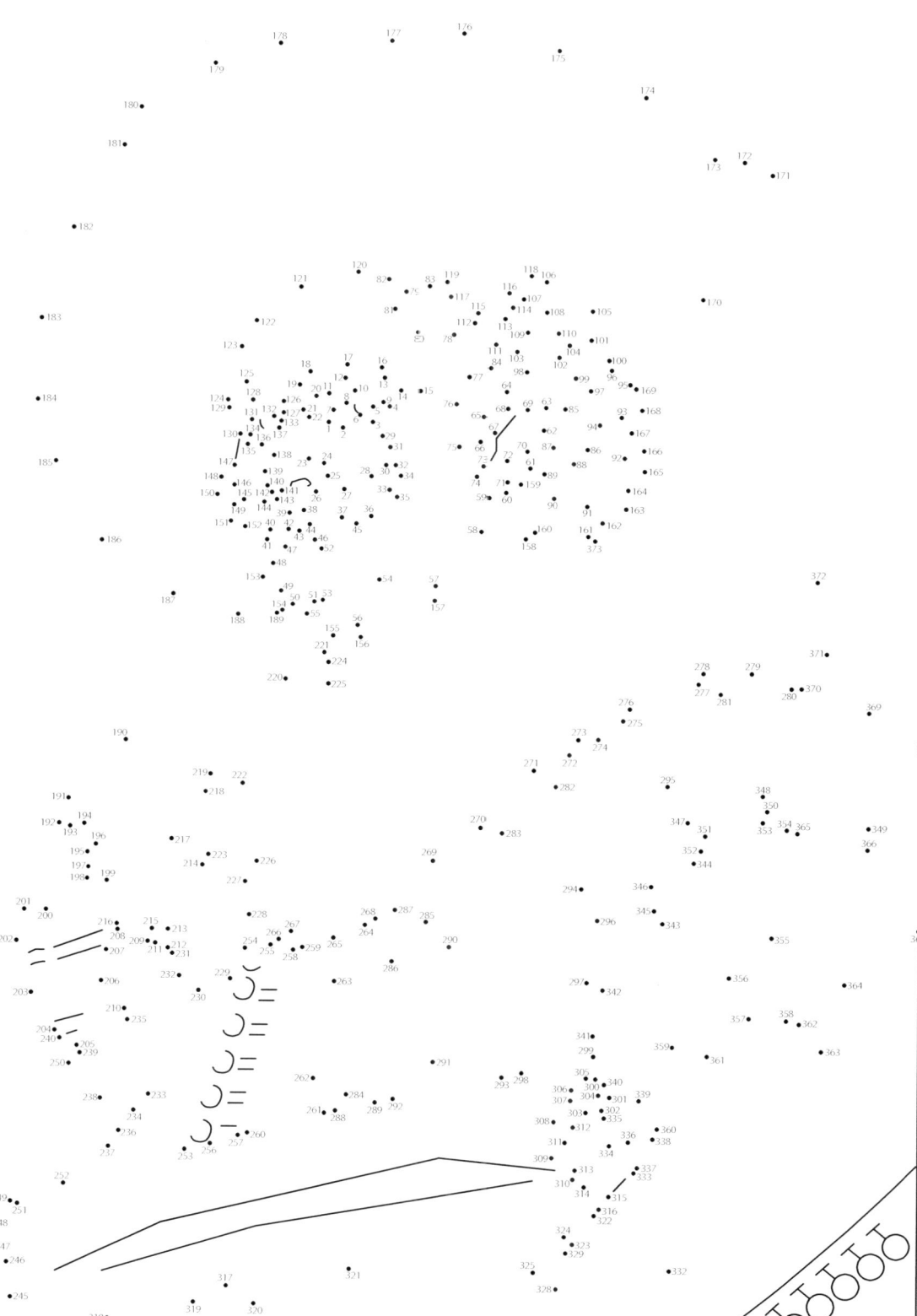

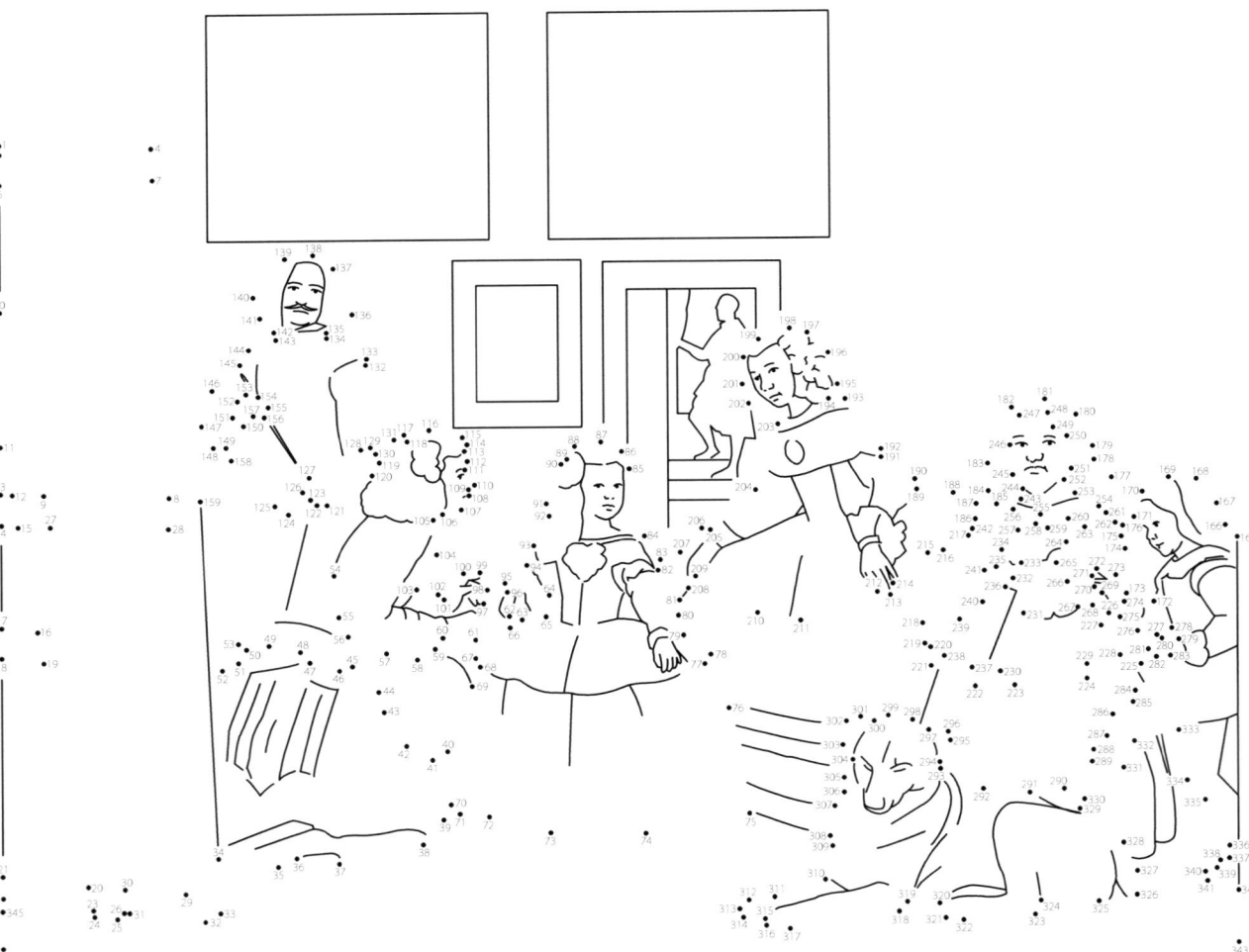

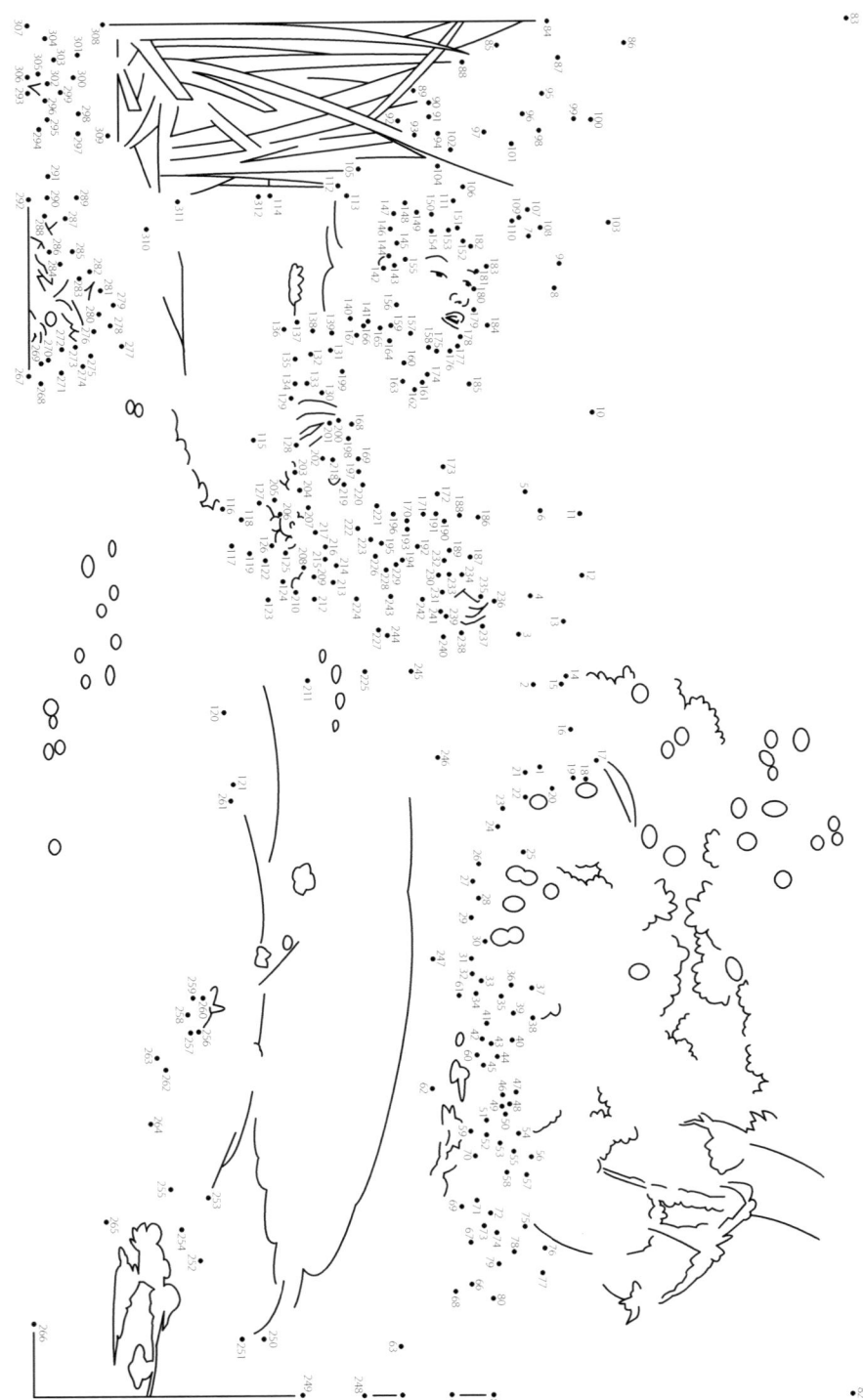

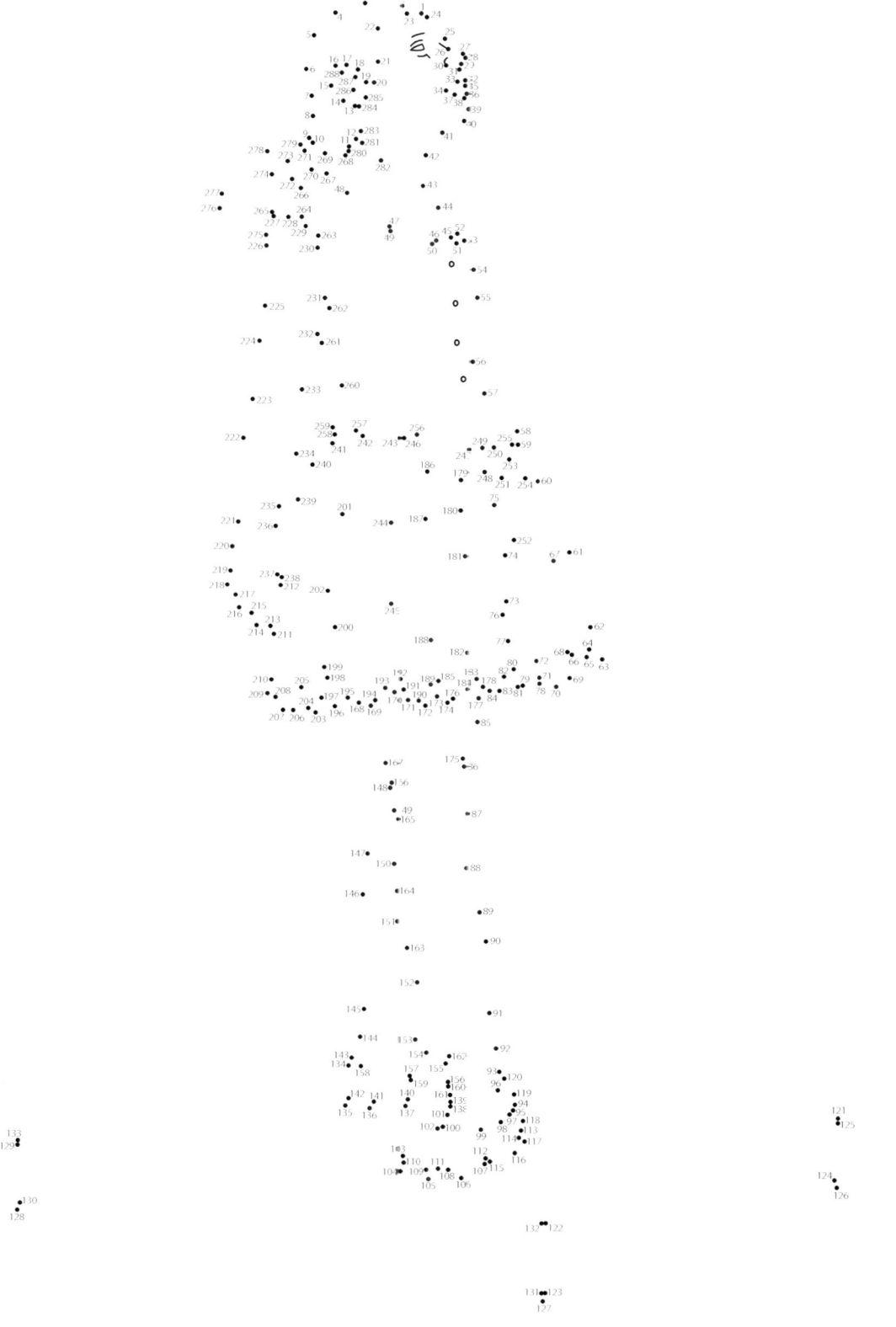

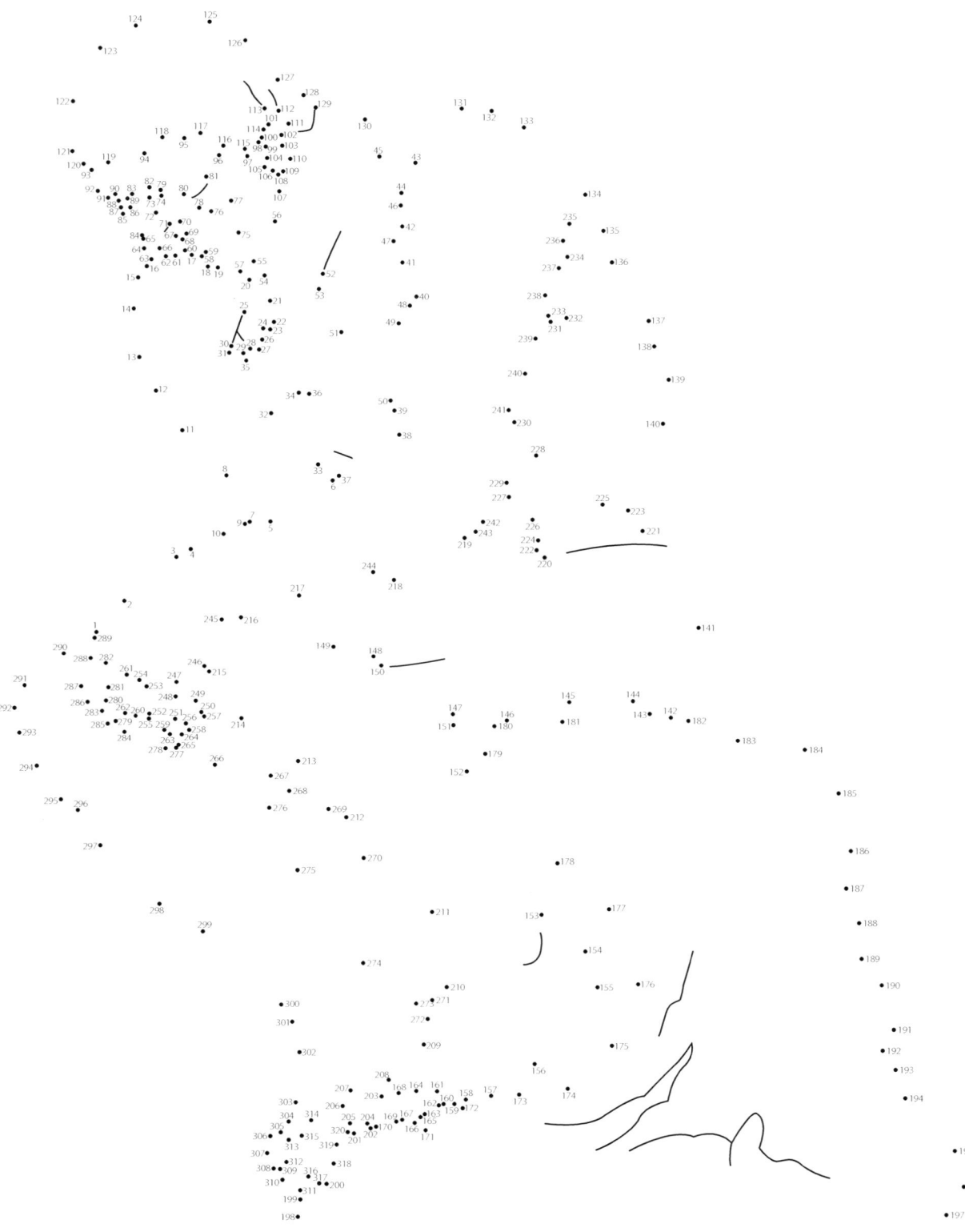

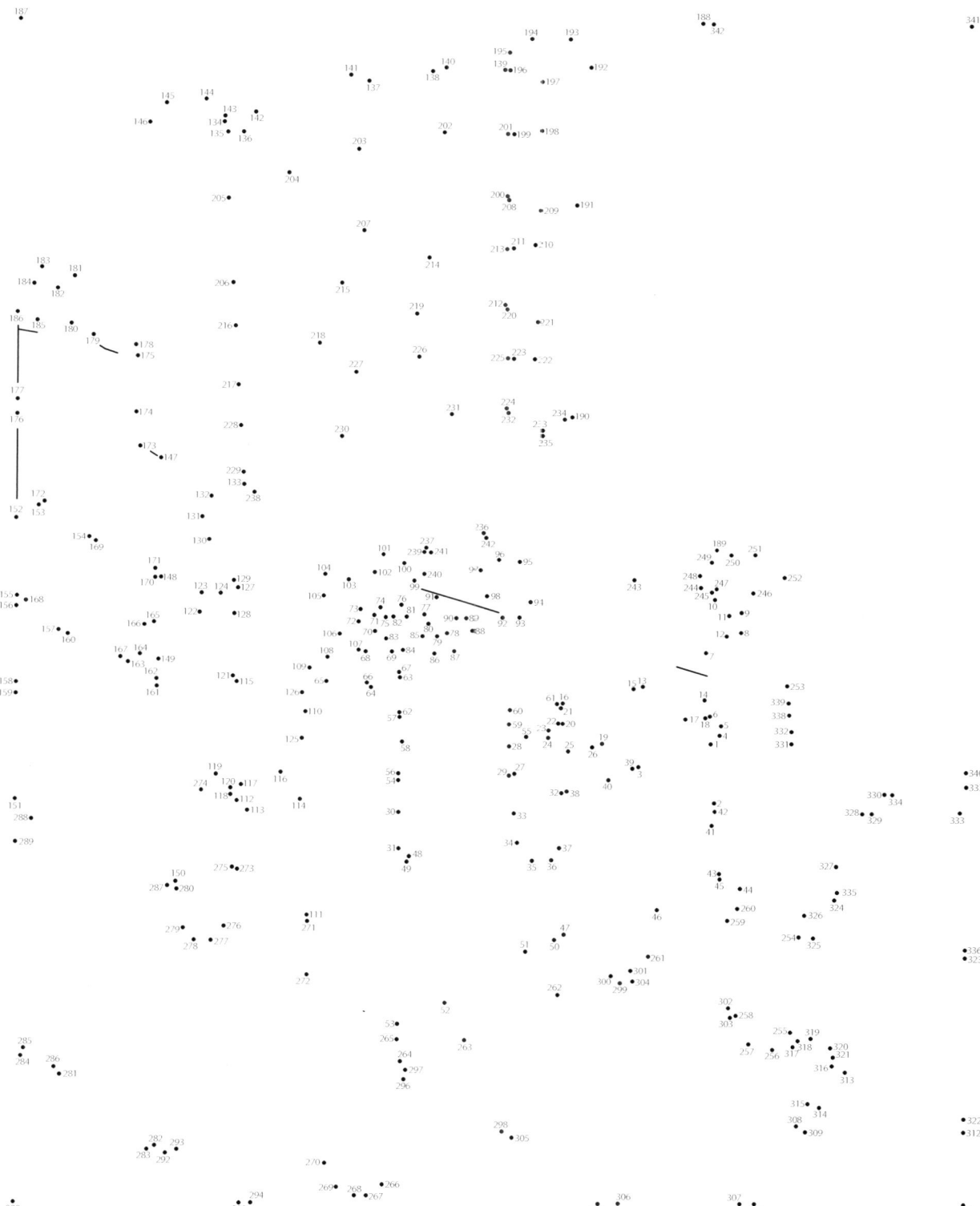

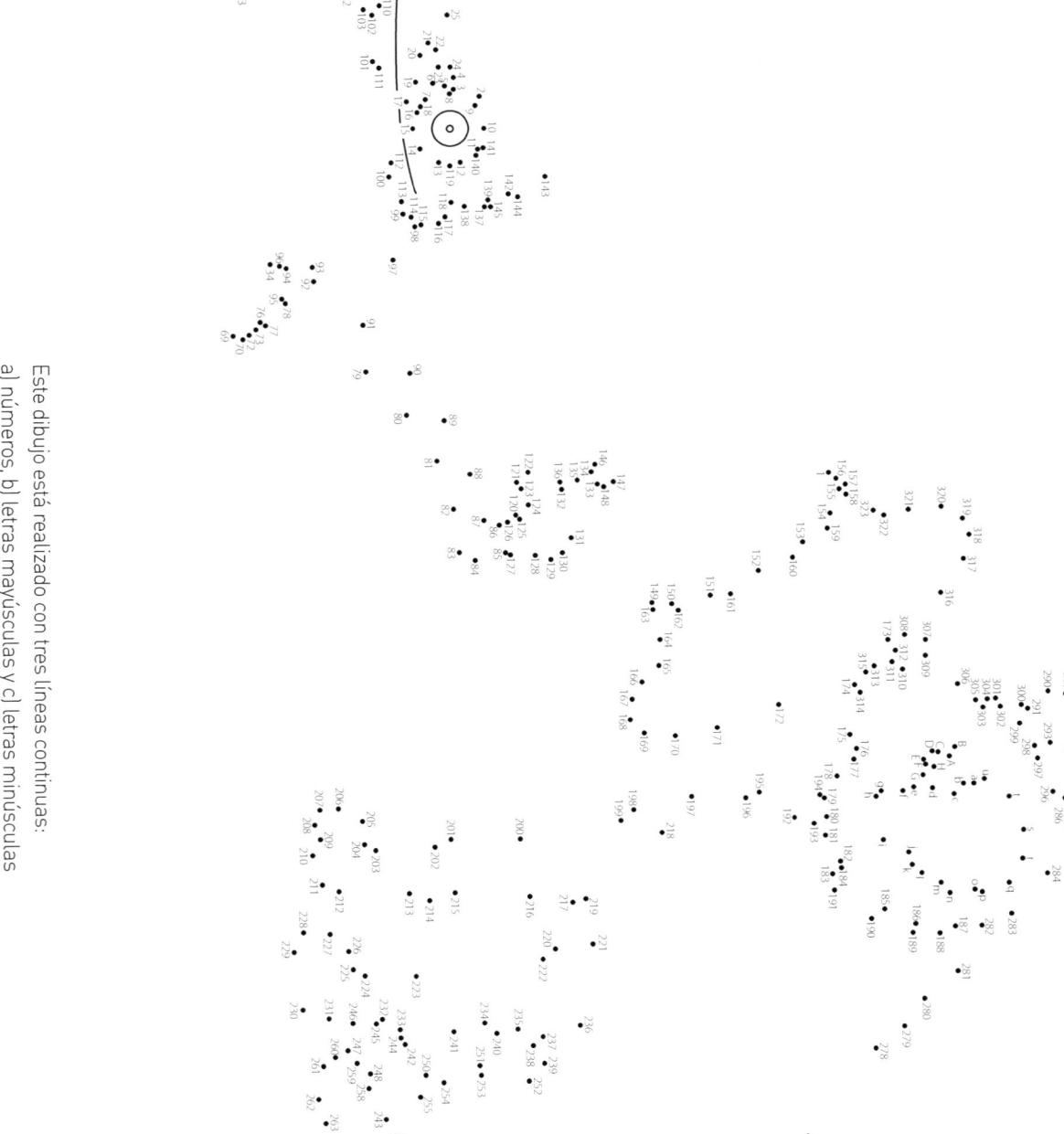

Este dibujo está realizado con tres líneas continuas:
a) números, b) letras mayúsculas y c) letras minúsculas

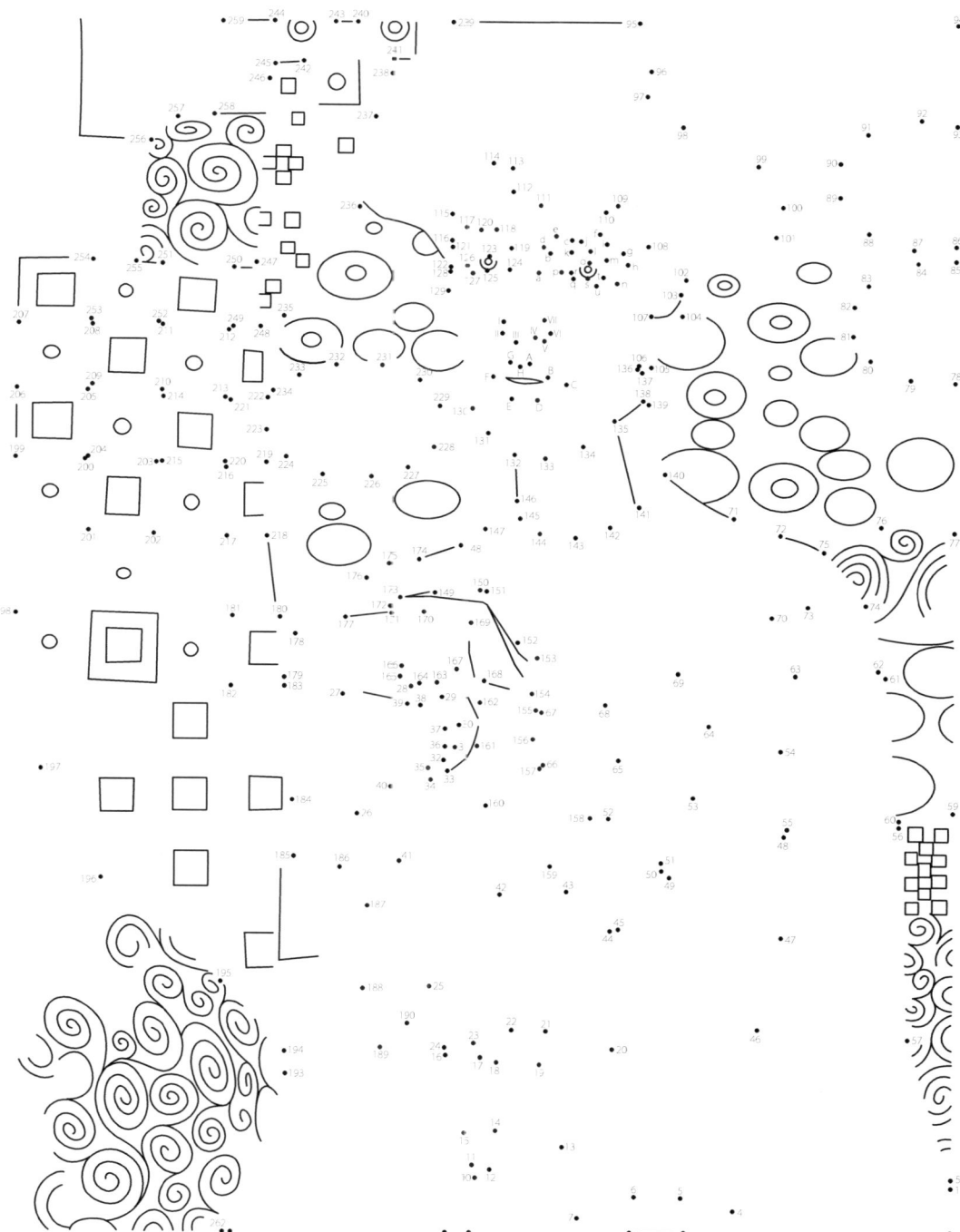

Este dibujo está realizado con cuatro líneas continuas:
a) números, b) letras mayúsculas, c) letras minúsculas y d) números romanos

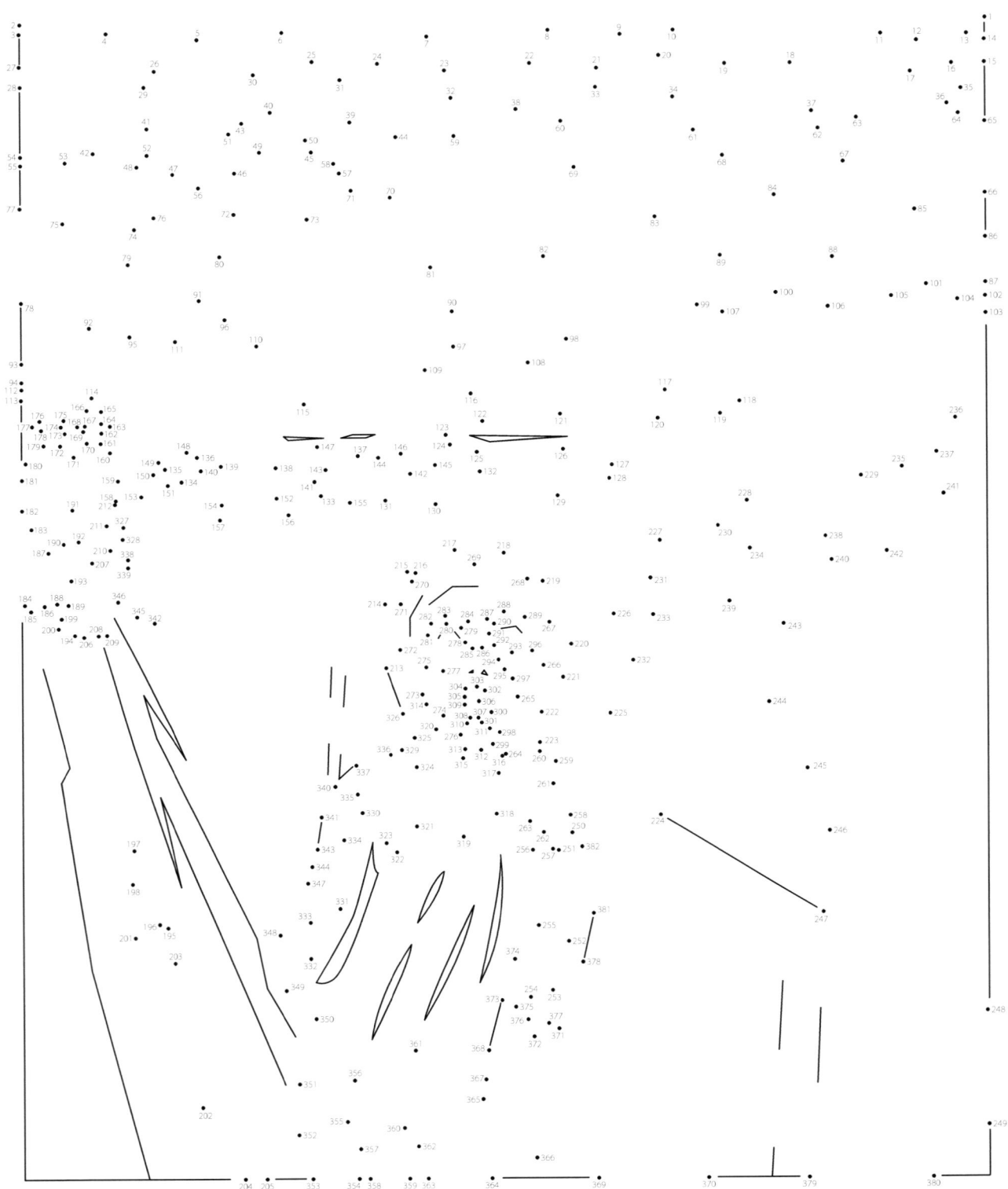

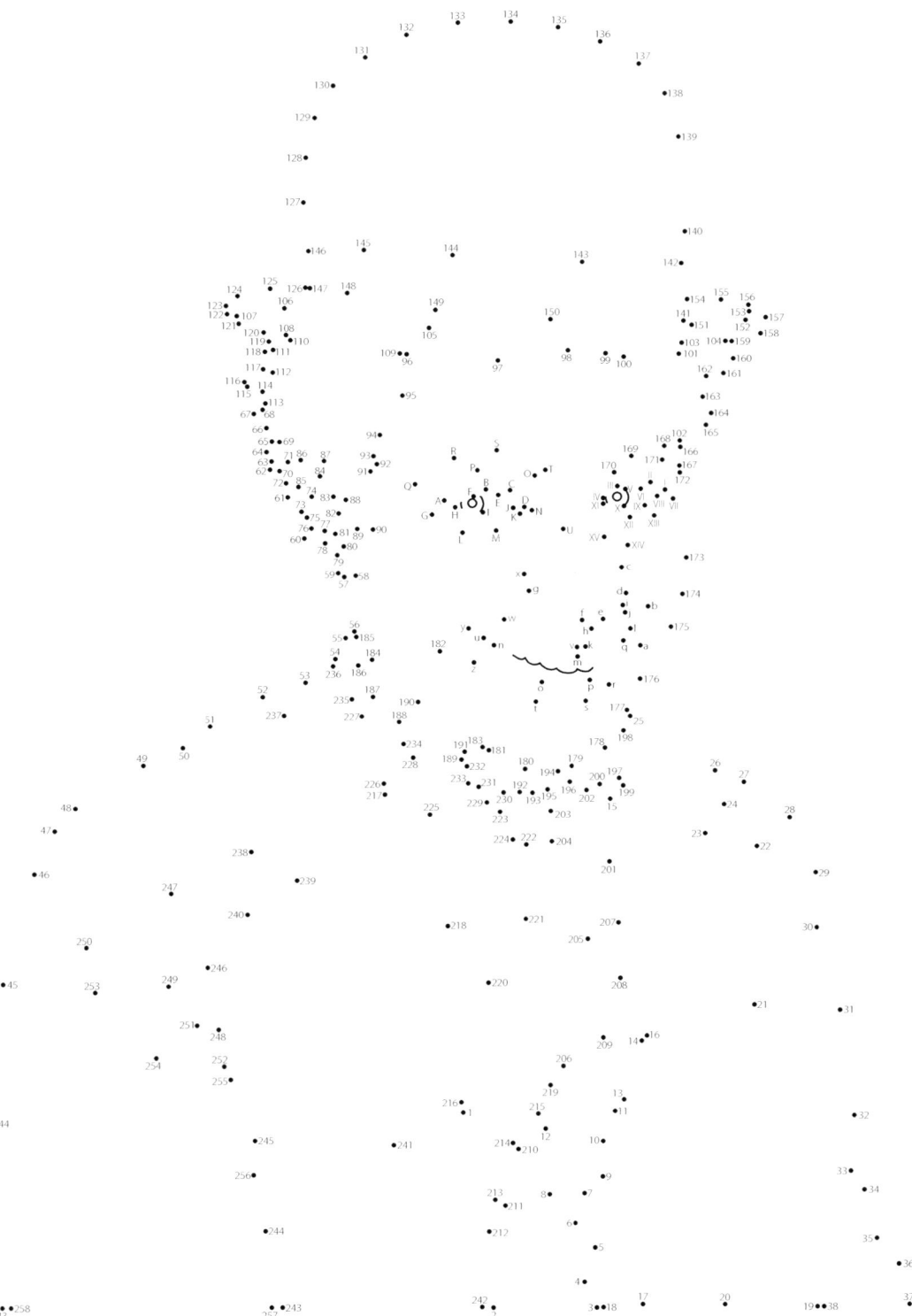

Este dibujo está realizado con cuatro líneas continuas:
a) números, b) letras mayúsculas, c) letras minúsculas y d) números romanos

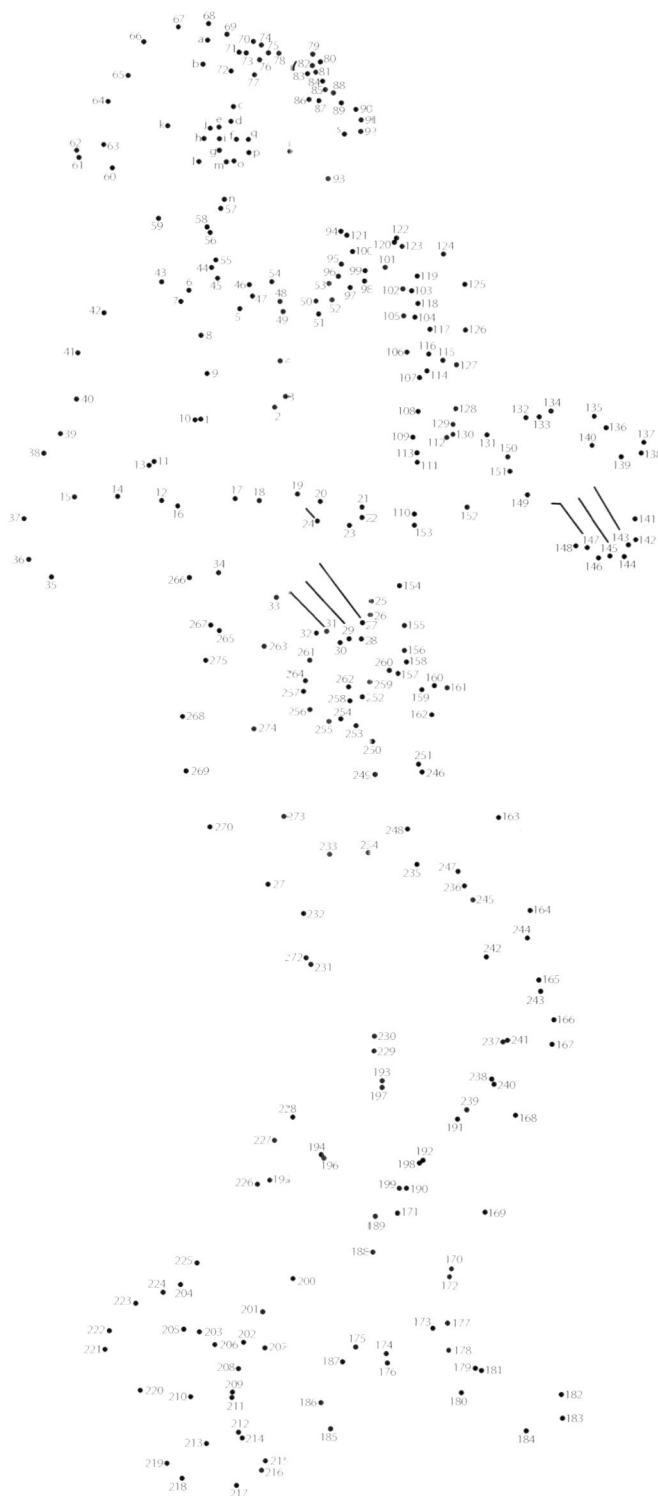

Este dibujo está realizado con dos líneas continuas:
a) números y b) letras minúsculas

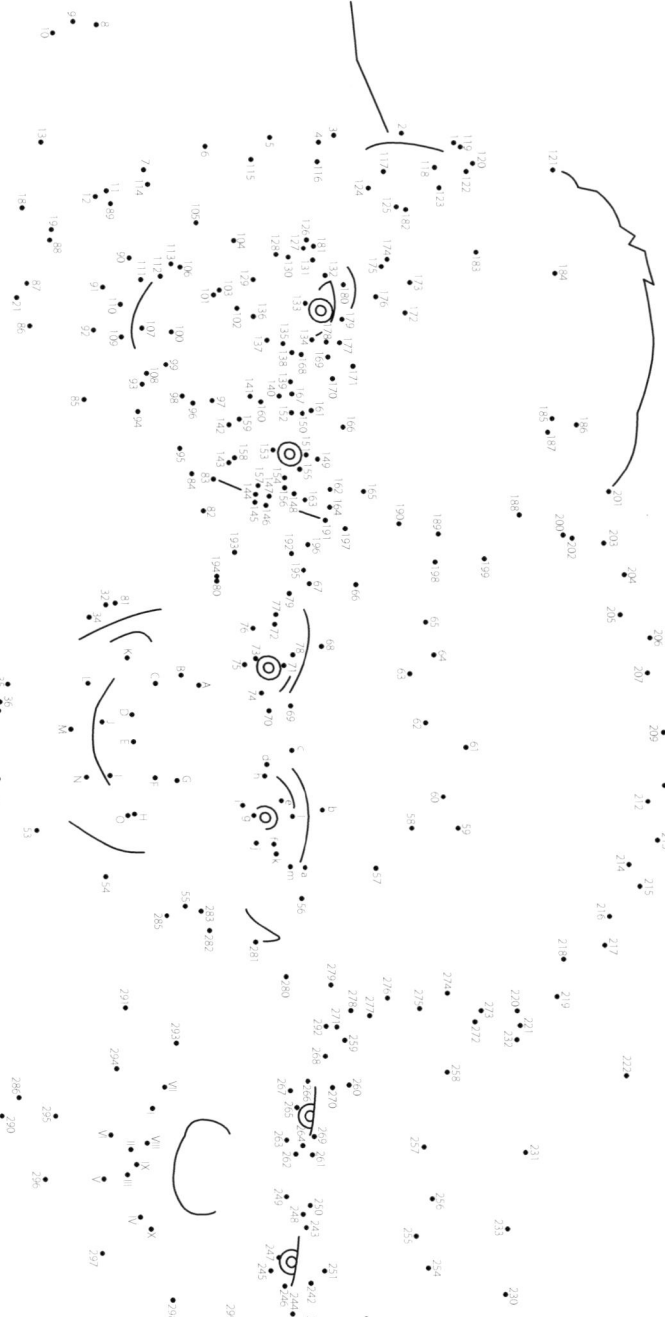

Este dibujo está realizado con tres líneas continuas:
a) números, b) letras minúscu.as y c) números romanos

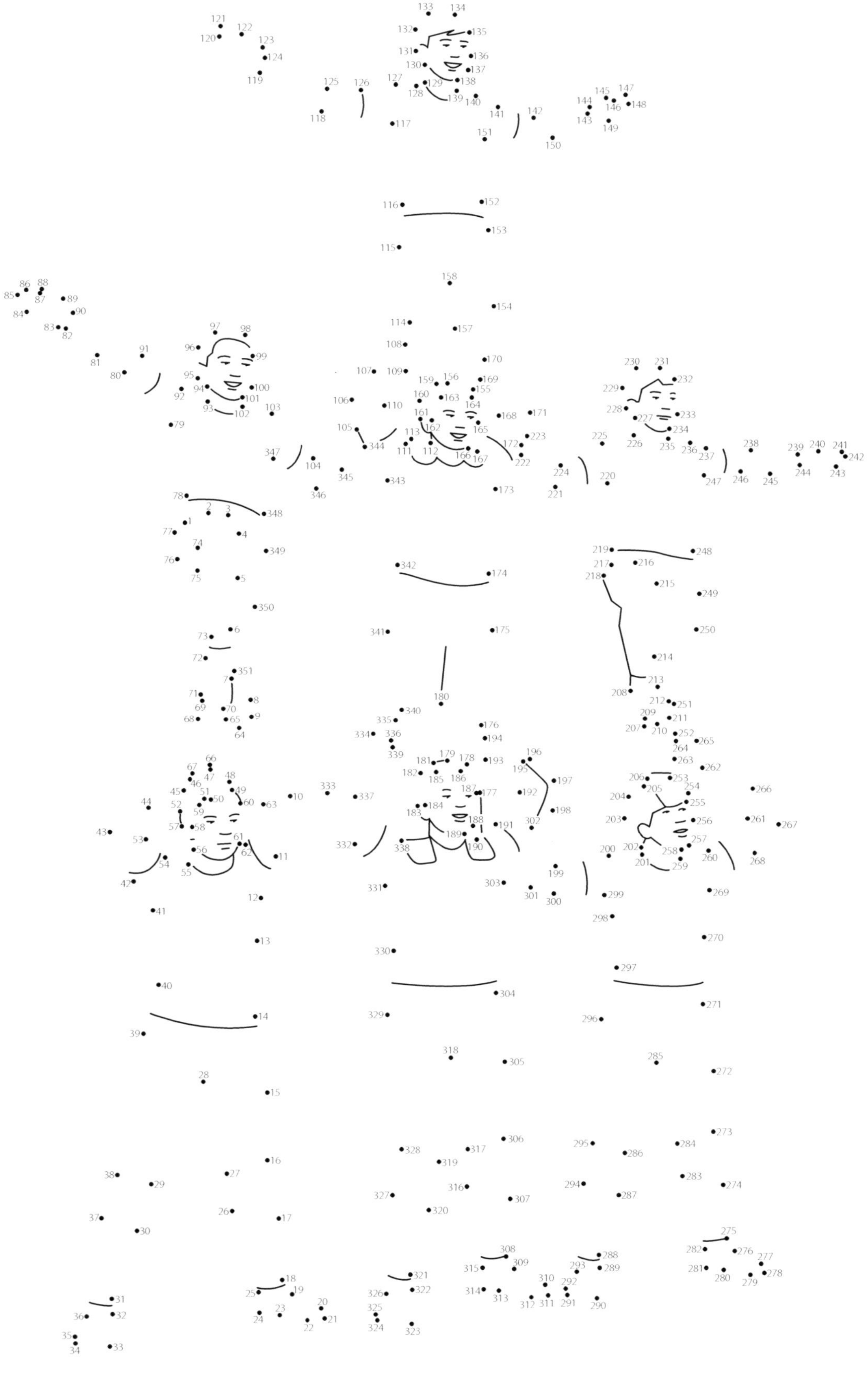

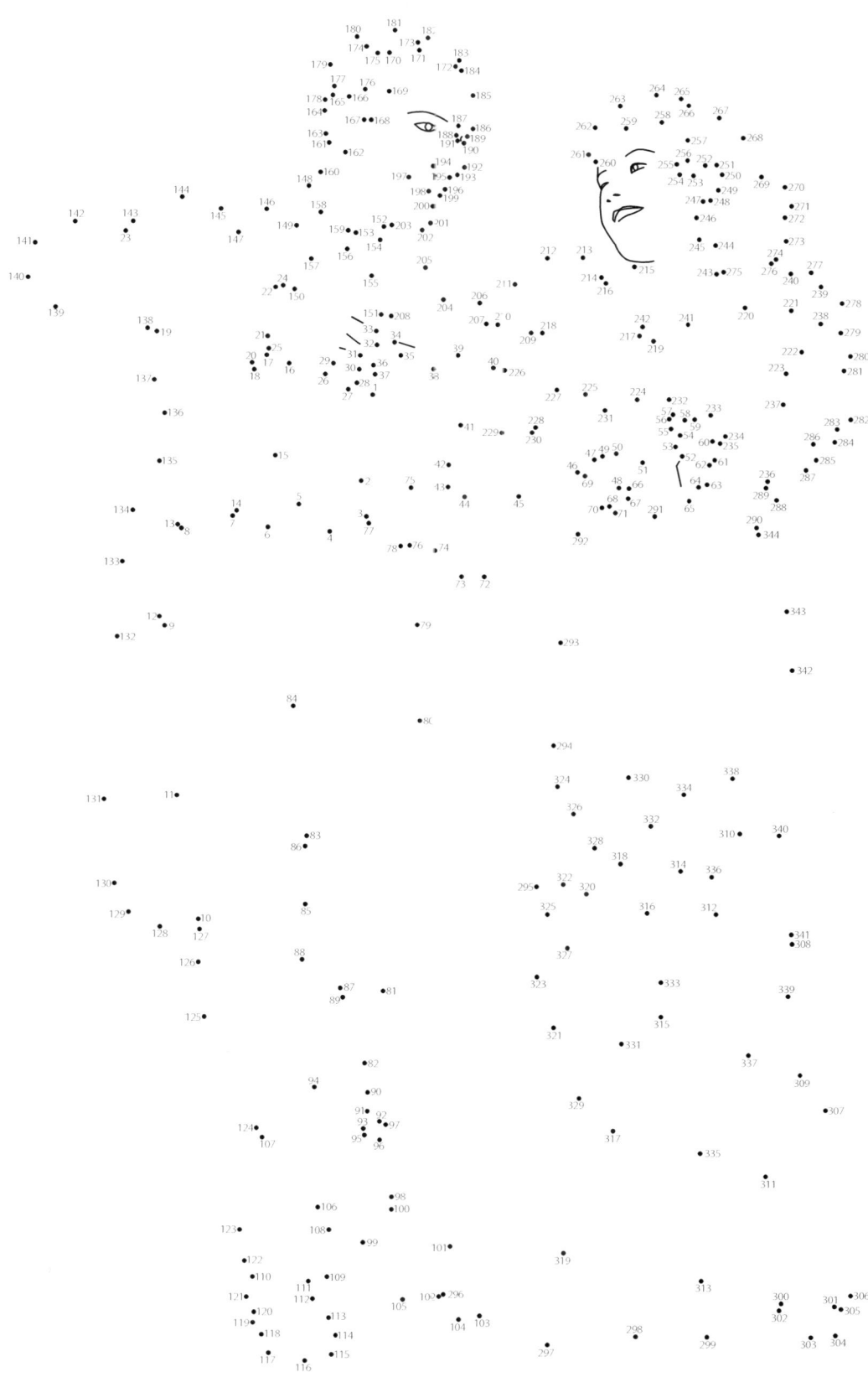

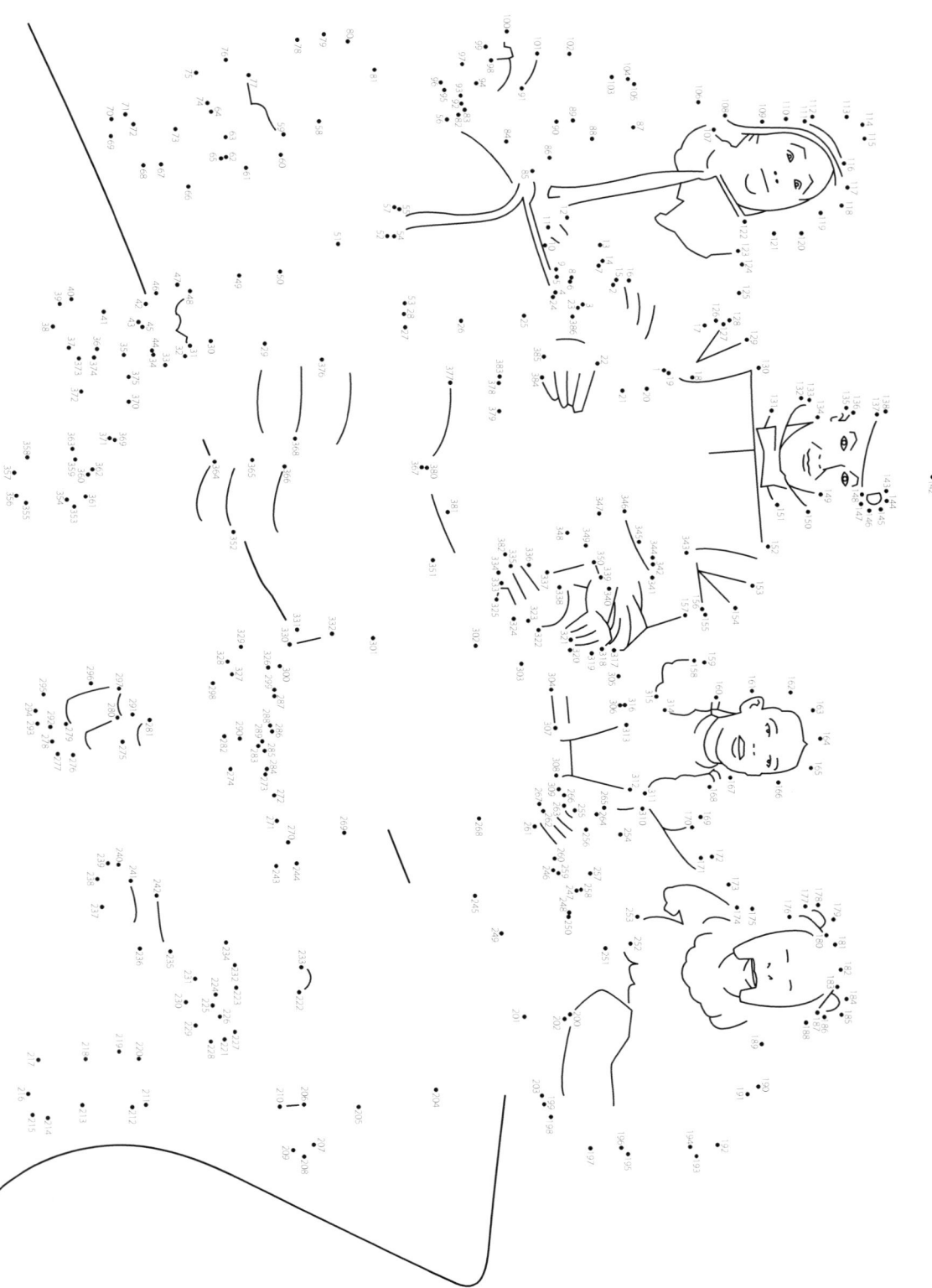

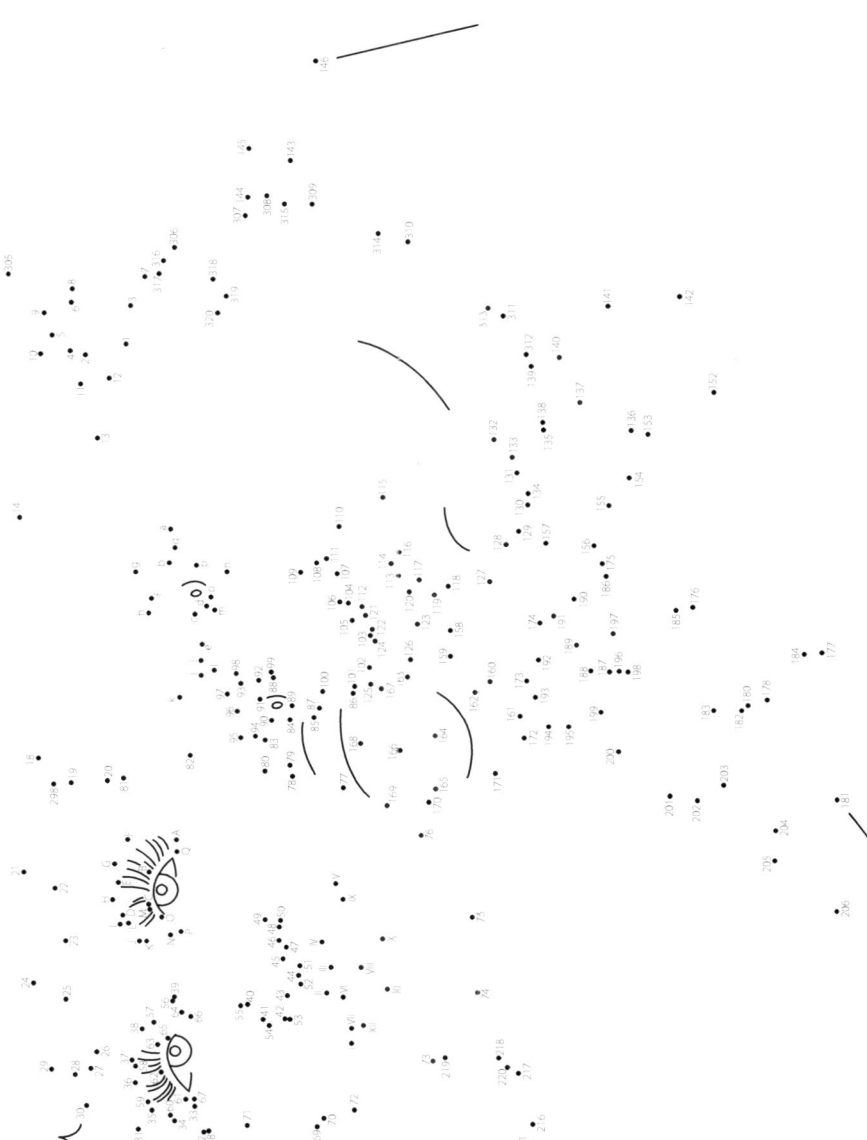

Este dibujo está realizado con cuatro líneas continuas:
a) números, b) letras mayúsculas, c) letras minúsculas y d) números romanos

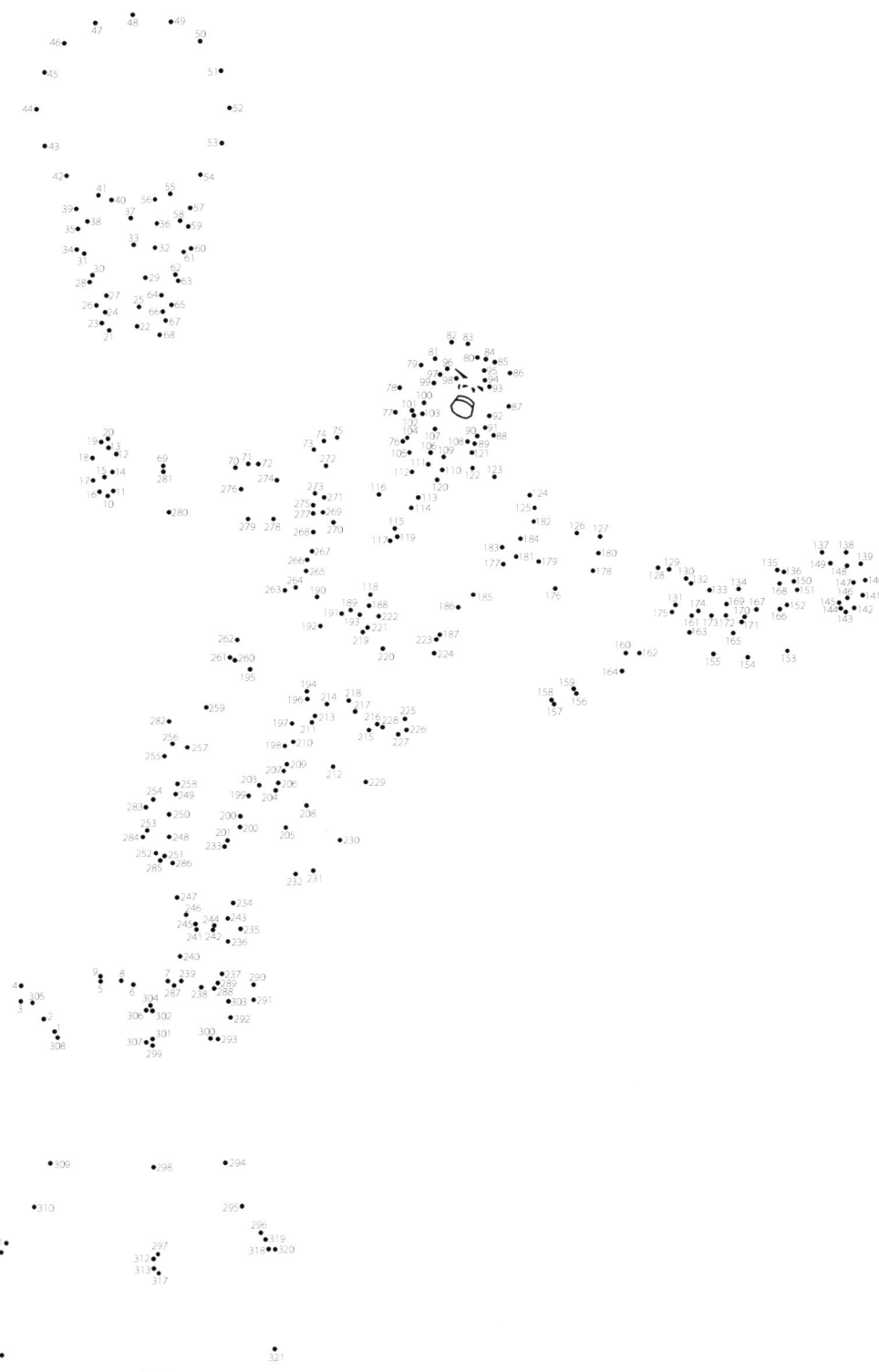

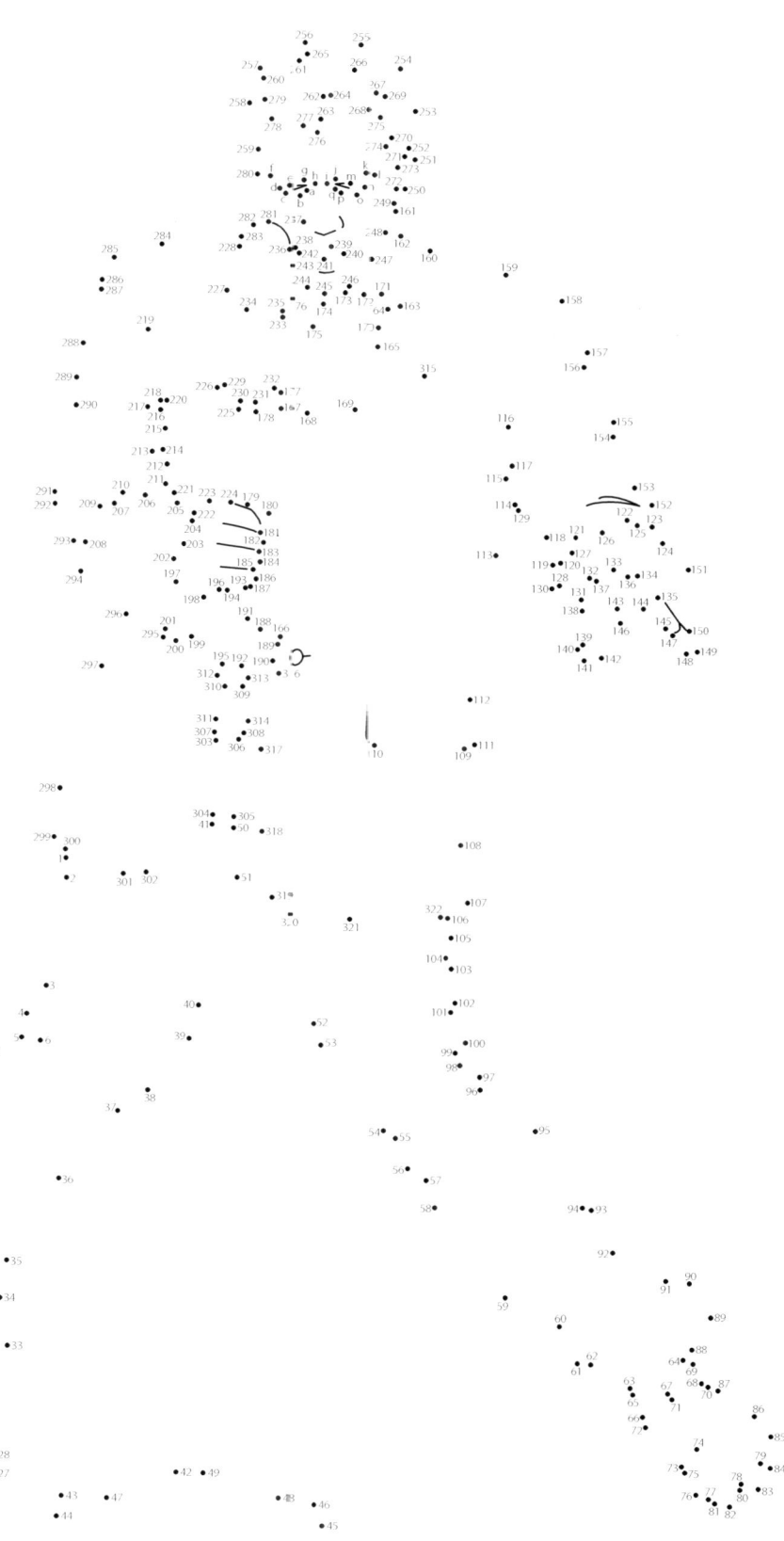

Este dibujo está realizado con dos líneas continuas:
a) números y b) letras minúsculas

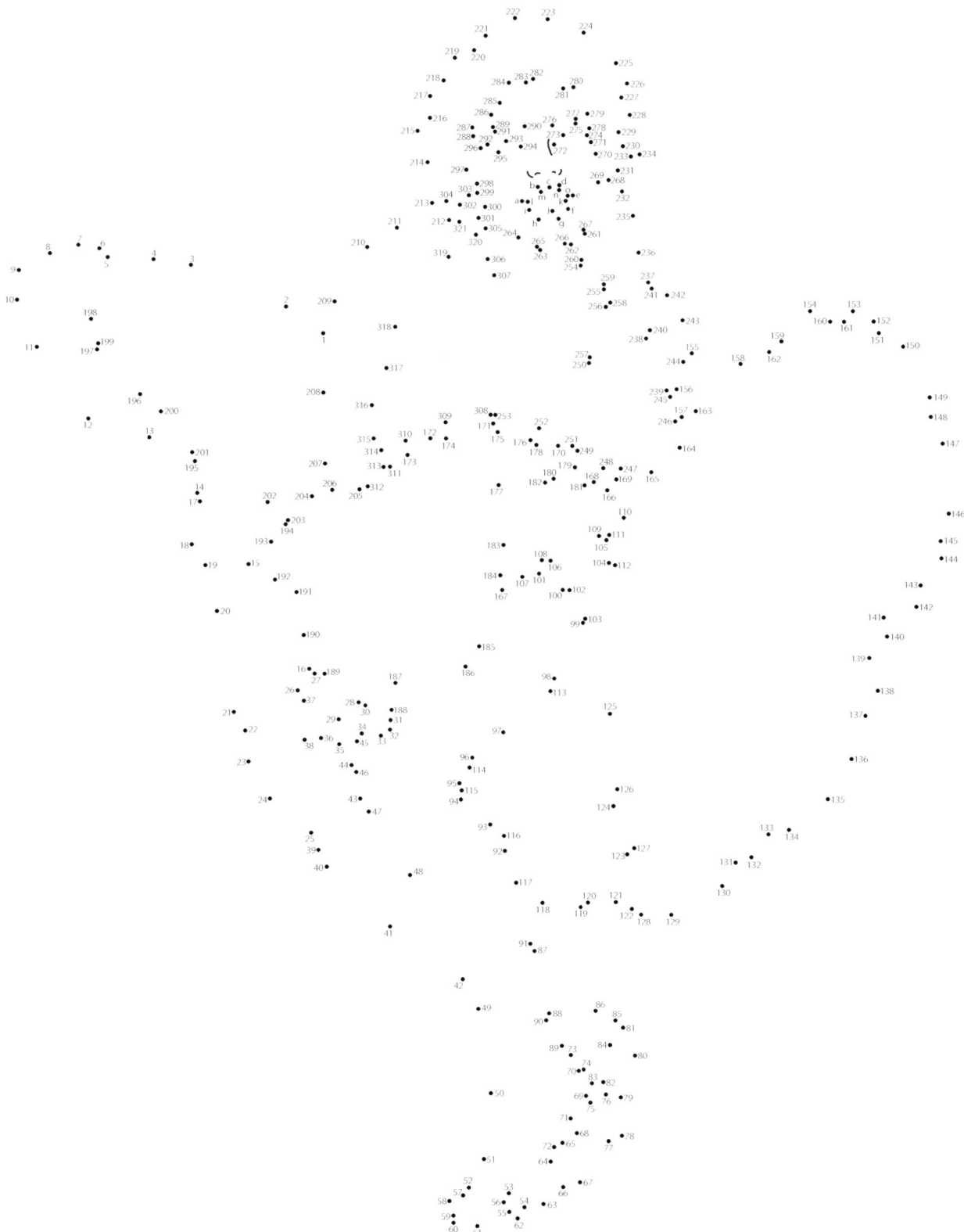

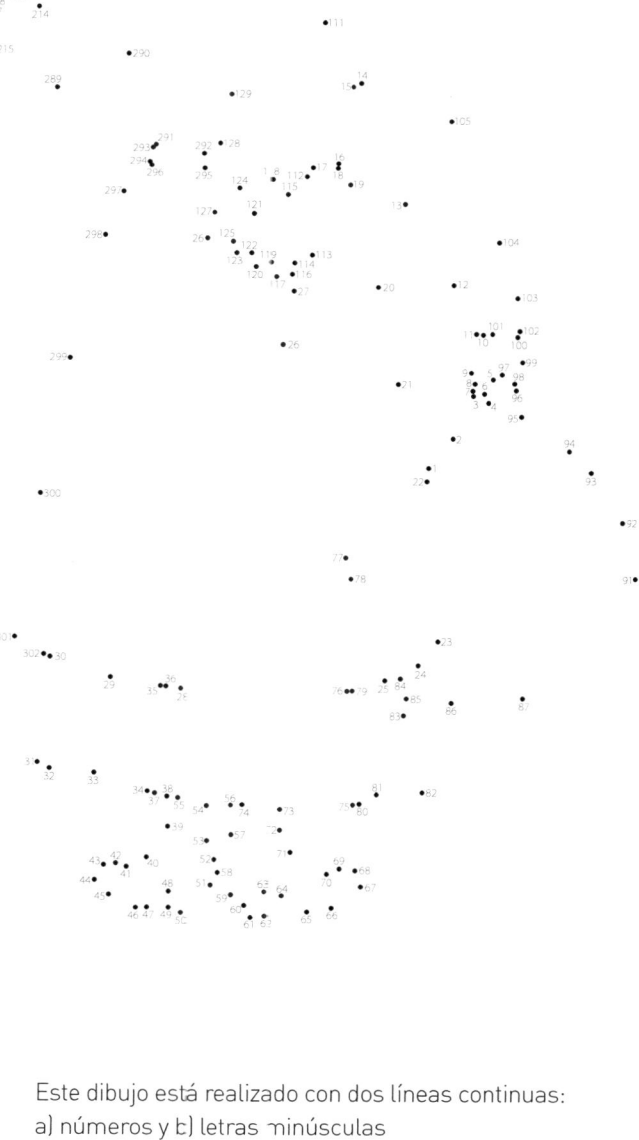

Este dibujo está realizado con dos líneas continuas:
a) números y b) letras minúsculas

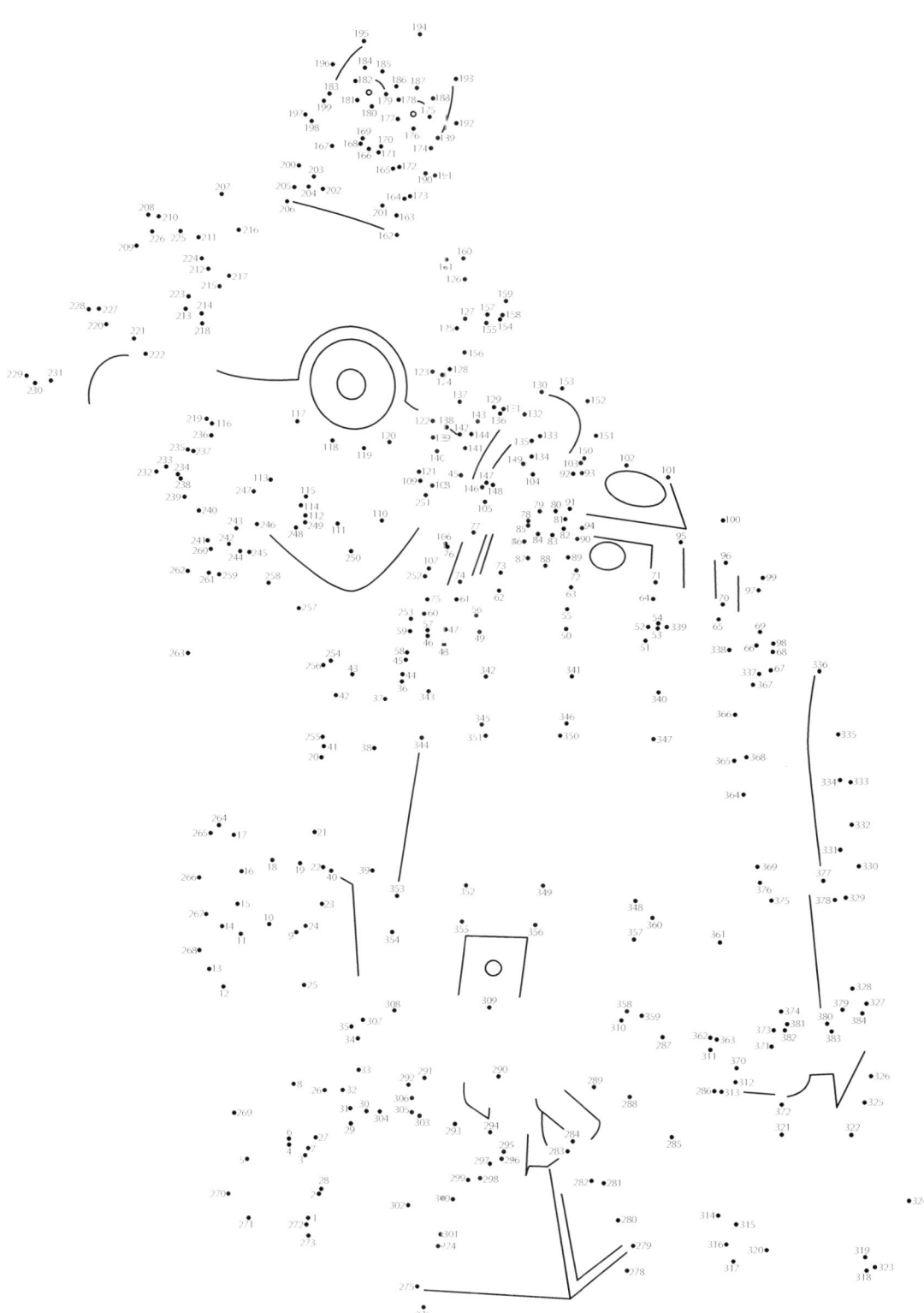

Este dibujo está realizado con cuatro líneas continuas:
a) números, b) letras mayúsculas, c) letras minúsculas y d) números romanos

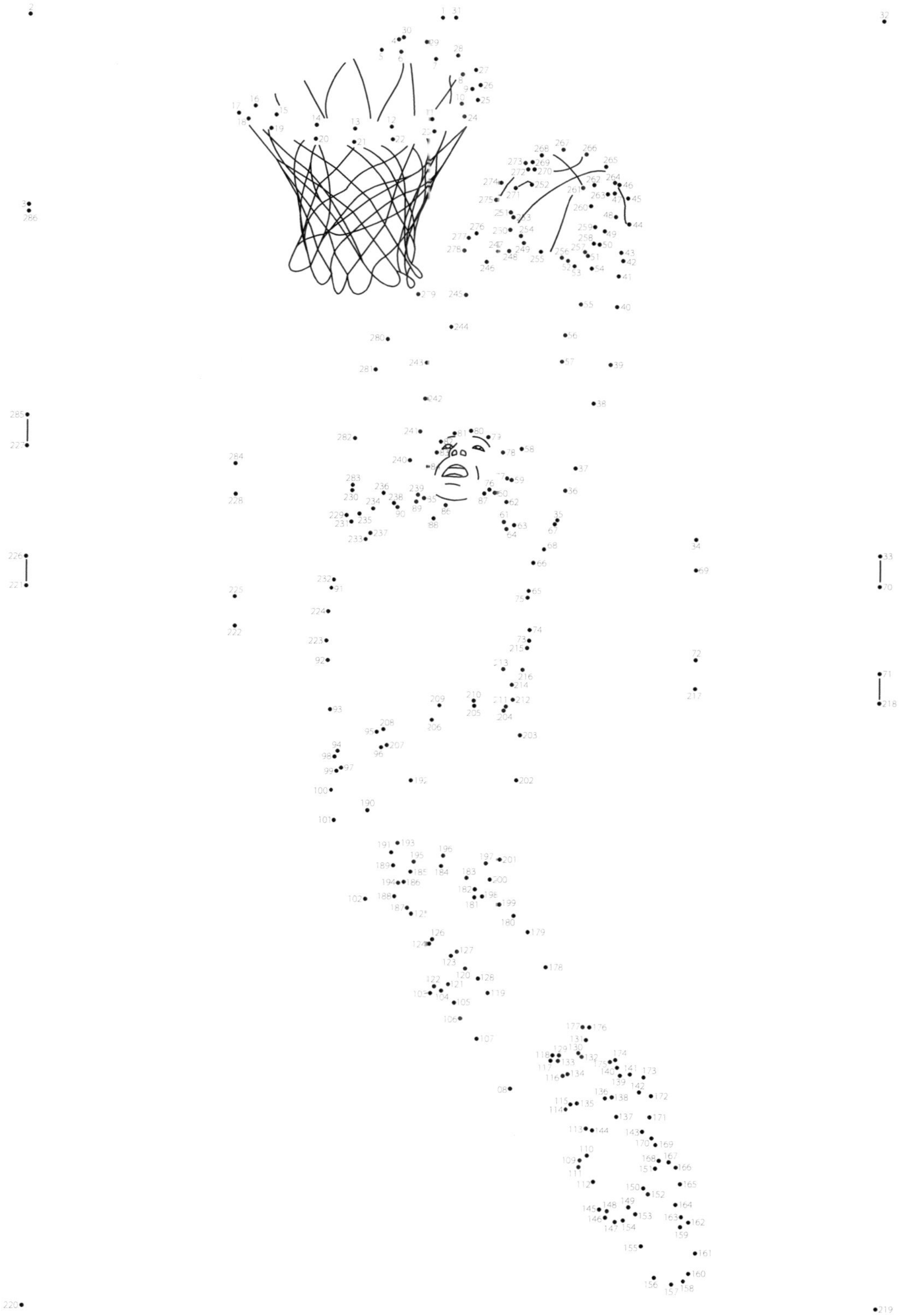

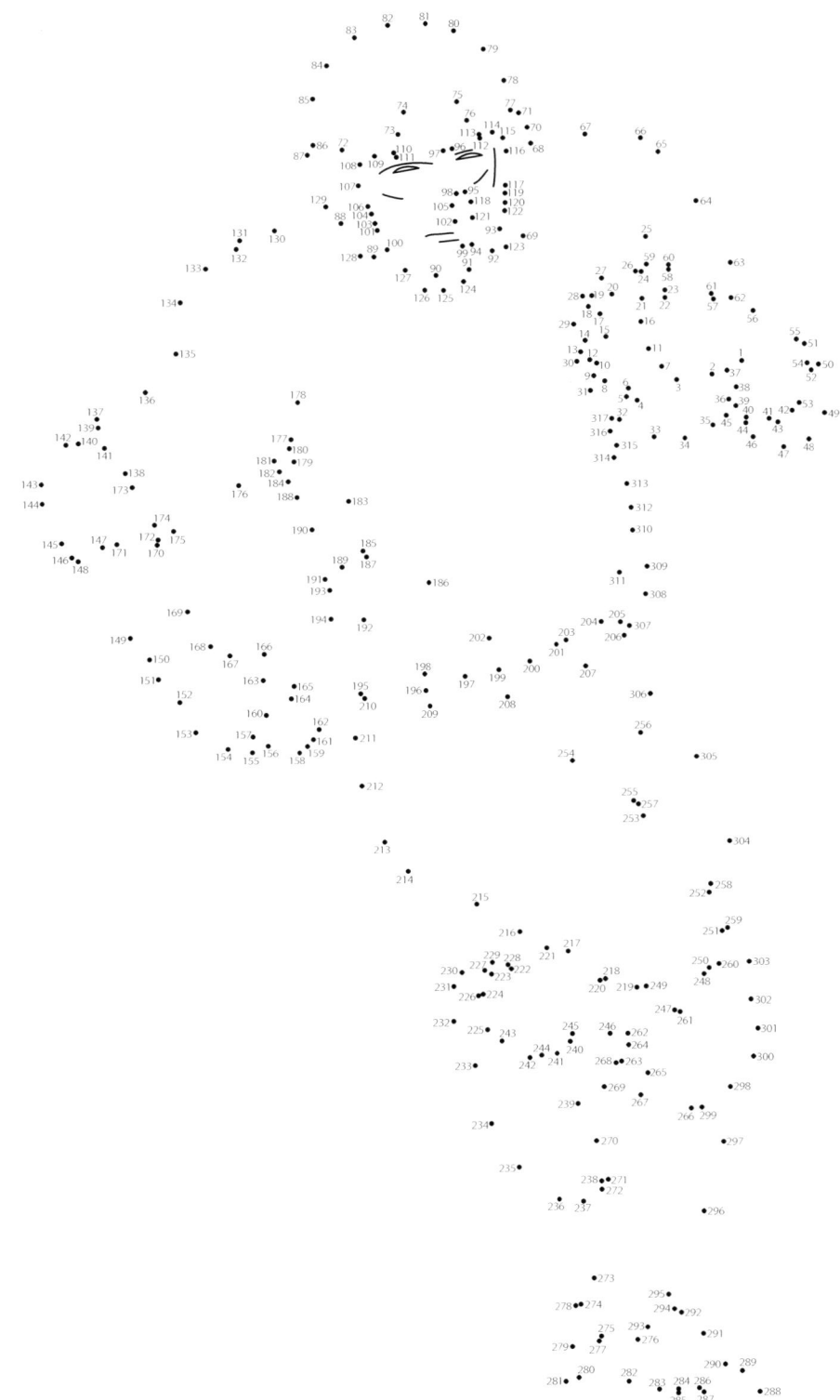

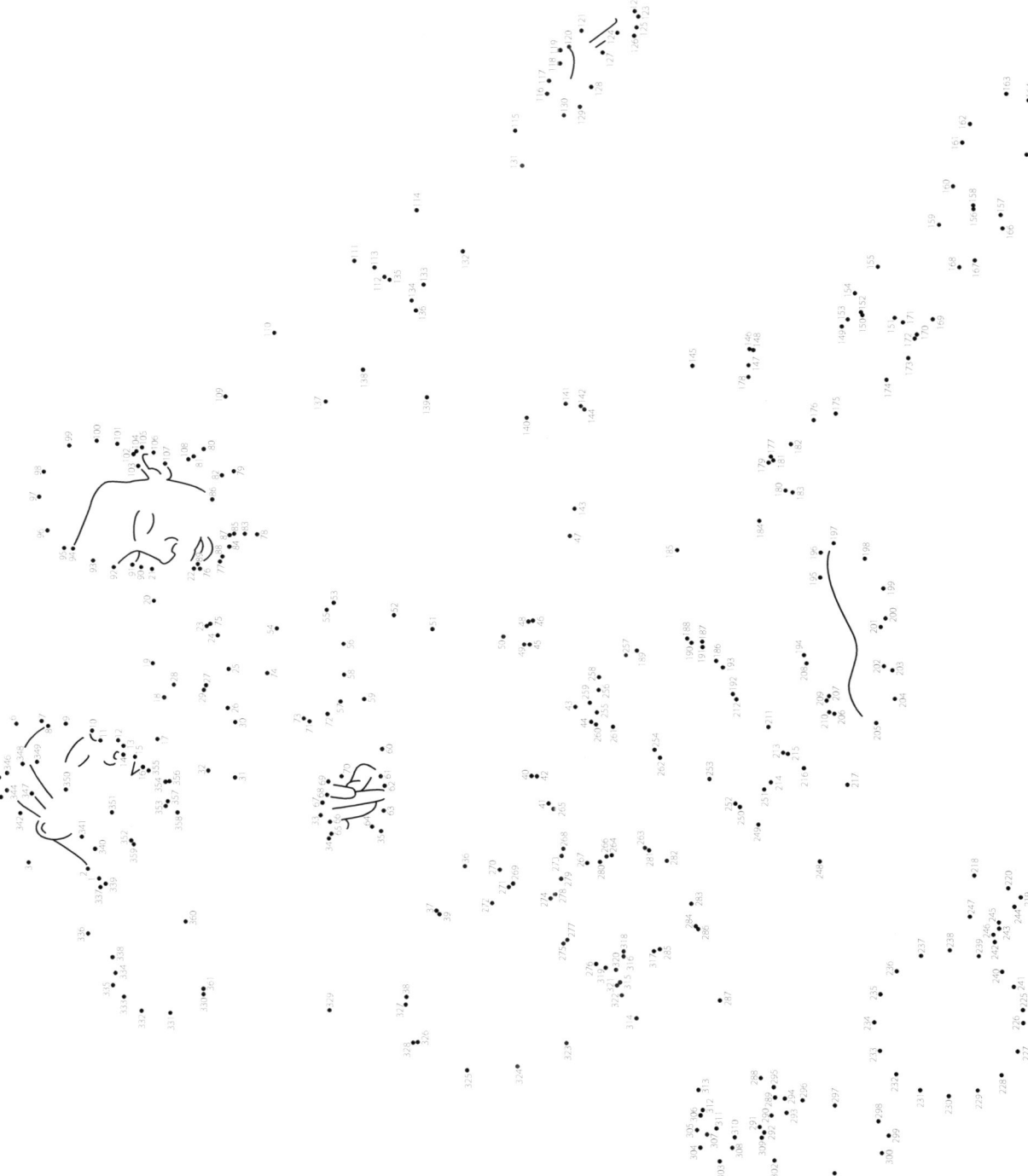

85

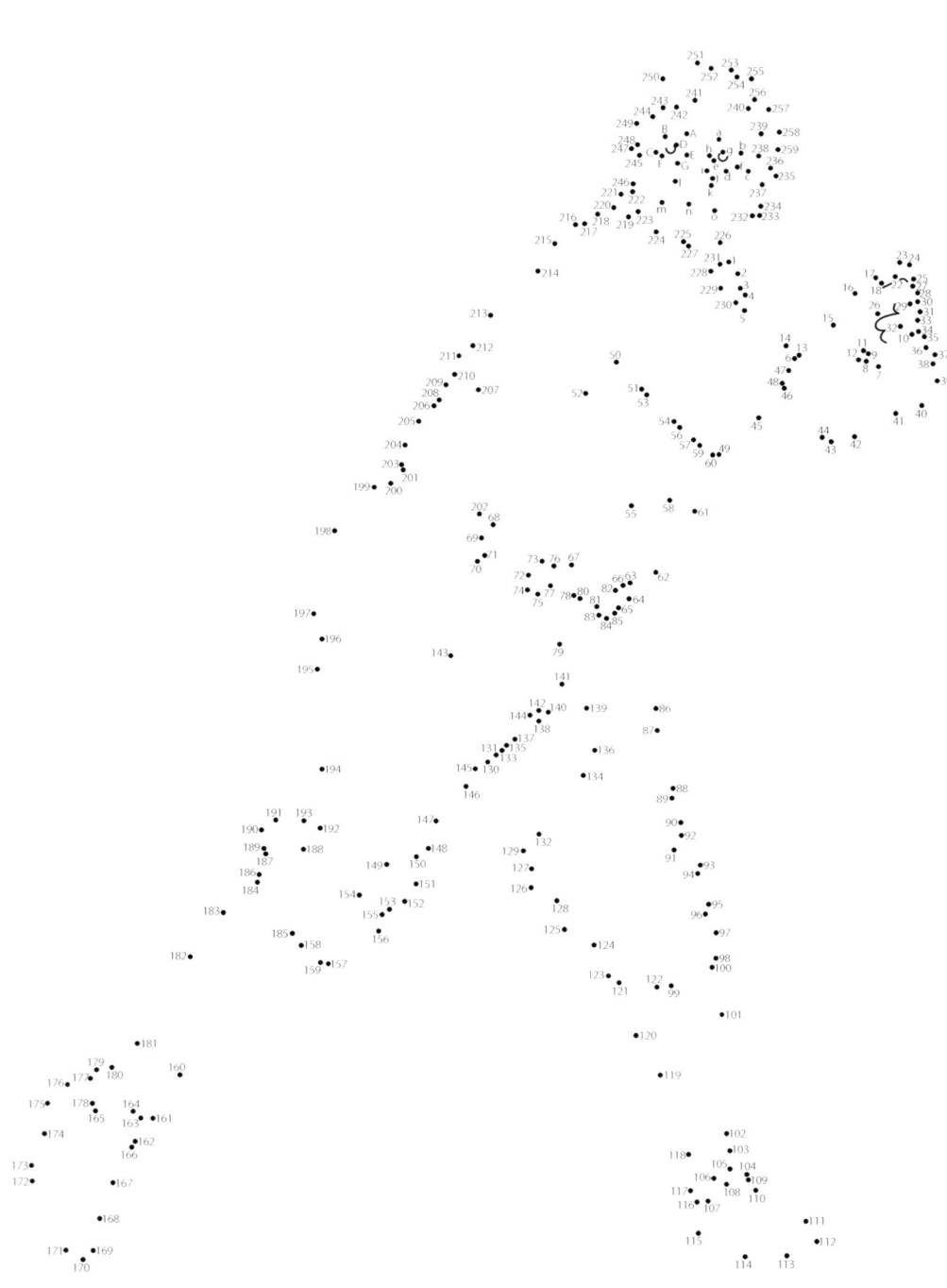

Este dibujo está realizado con tres líneas continuas:
a) números, b) letras mayúsculas y c) letras minúsculas

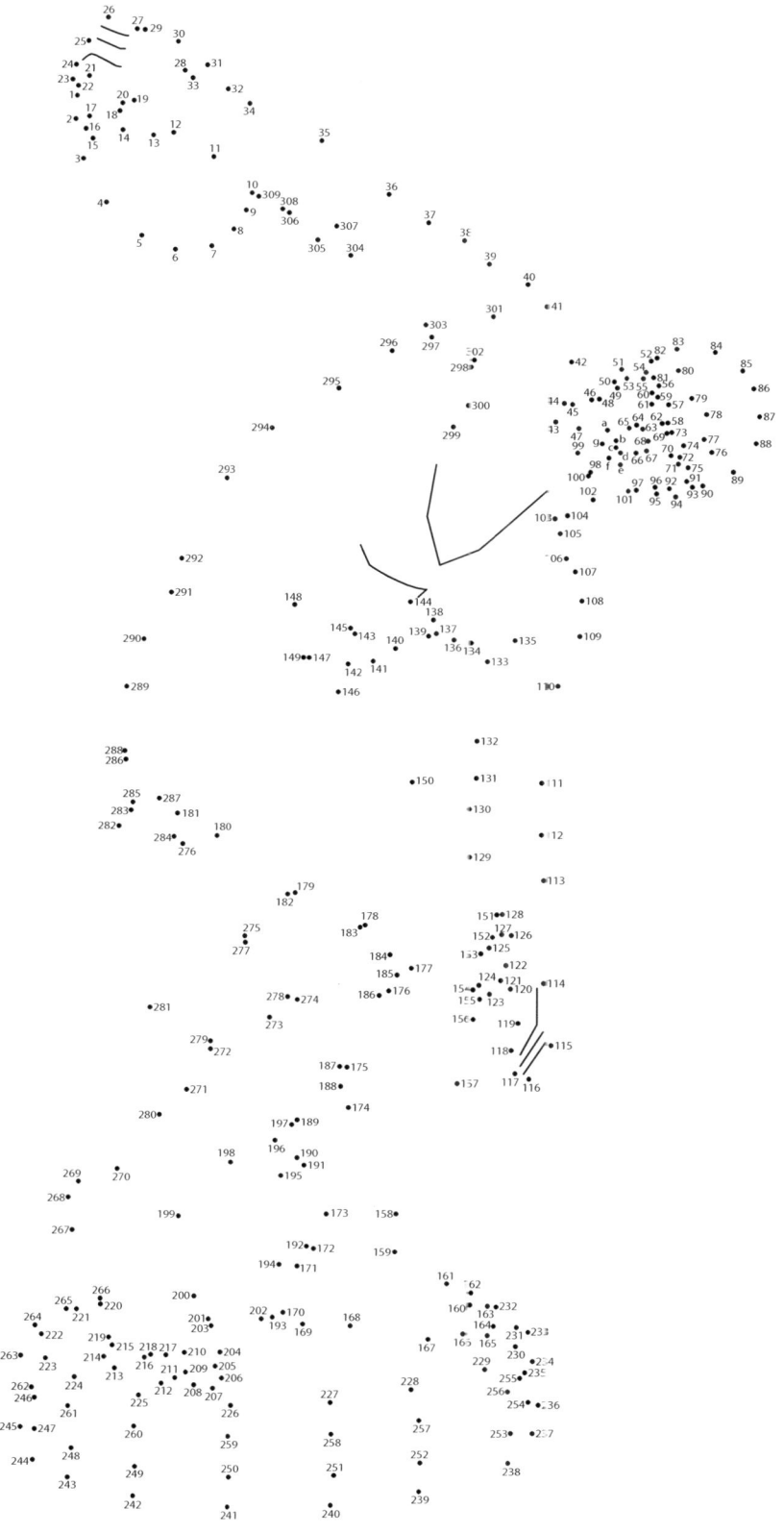

Este dibujo está realizado con dos líneas continuas:
a) números y b) letras minúsculas

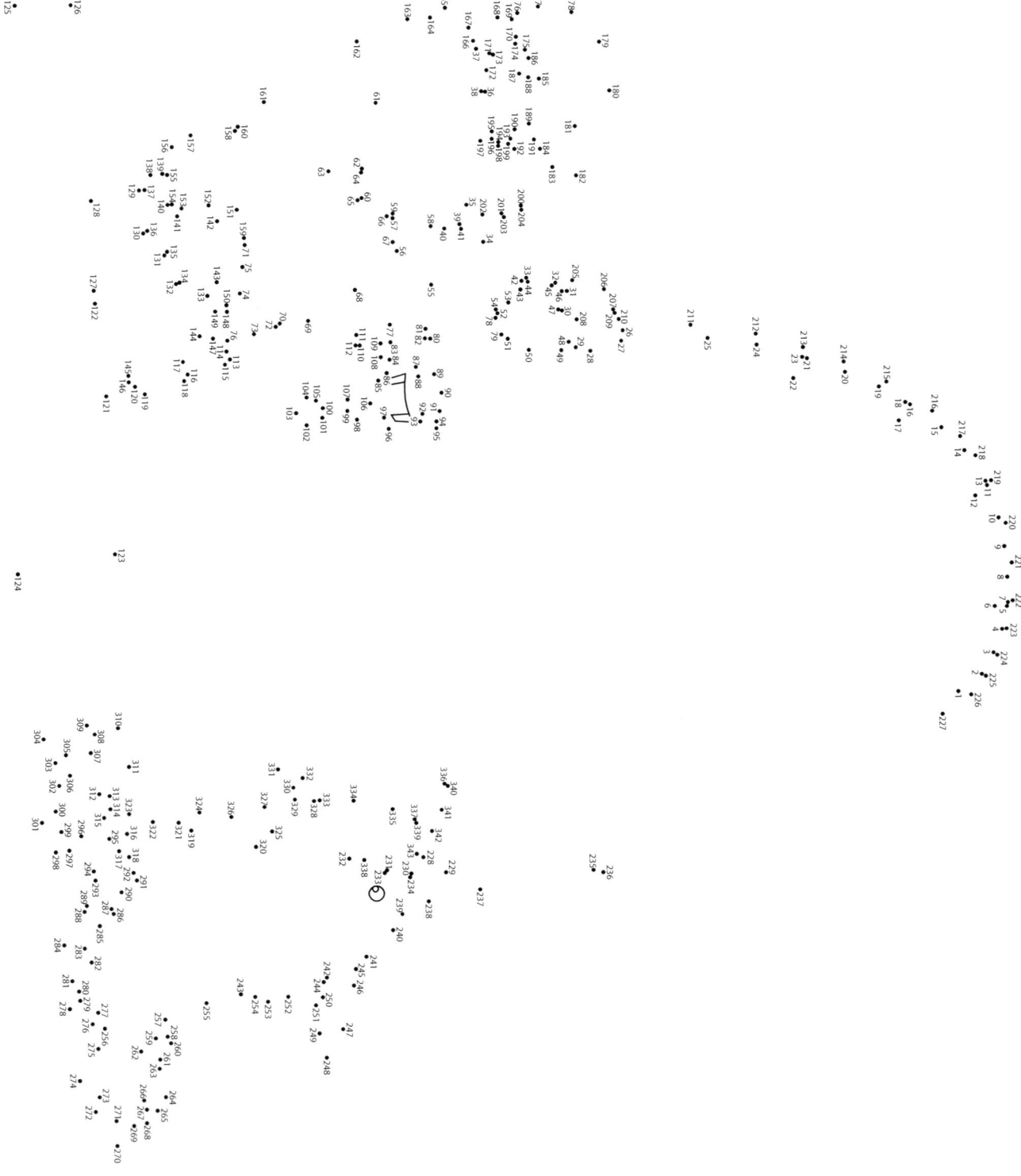

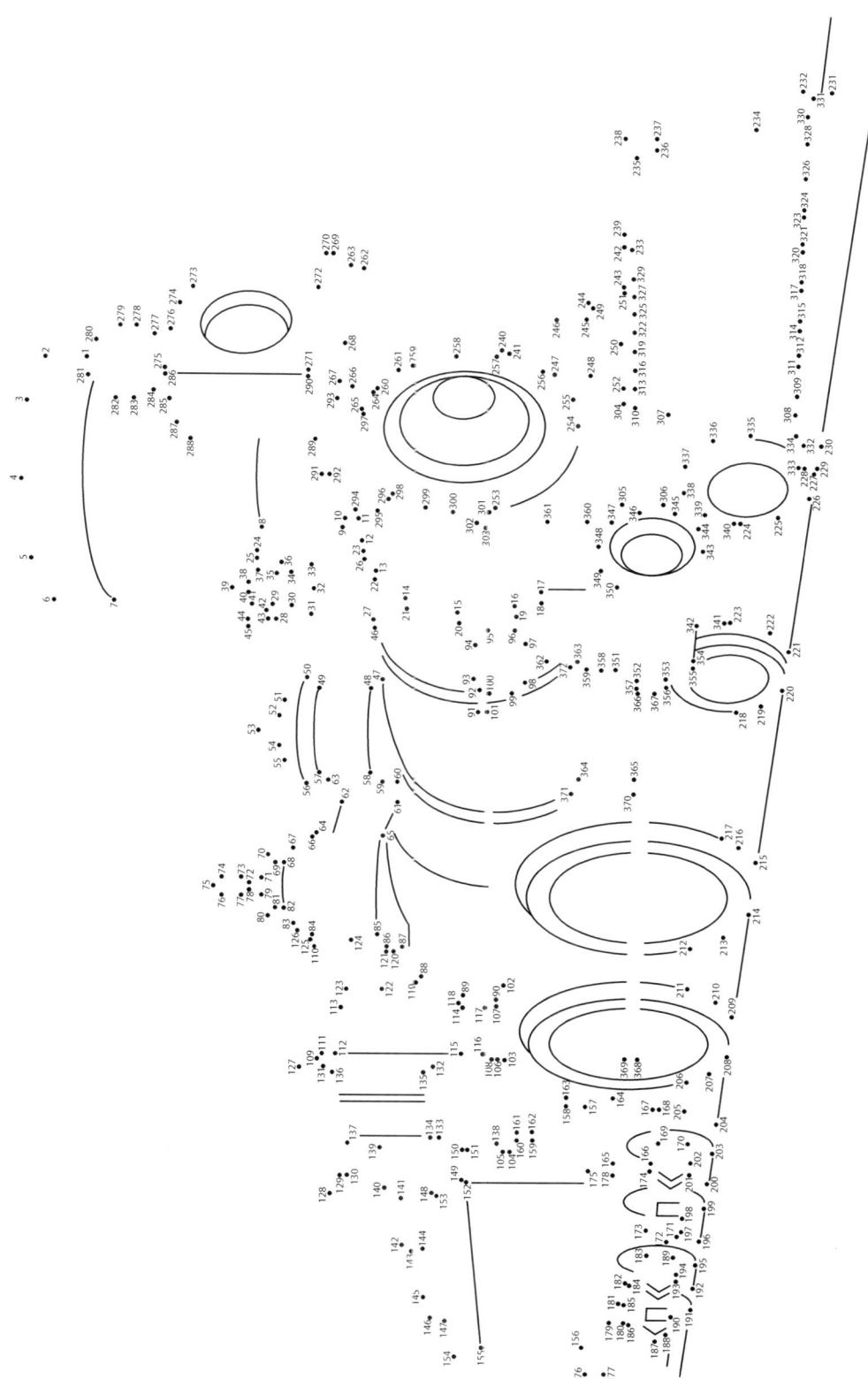

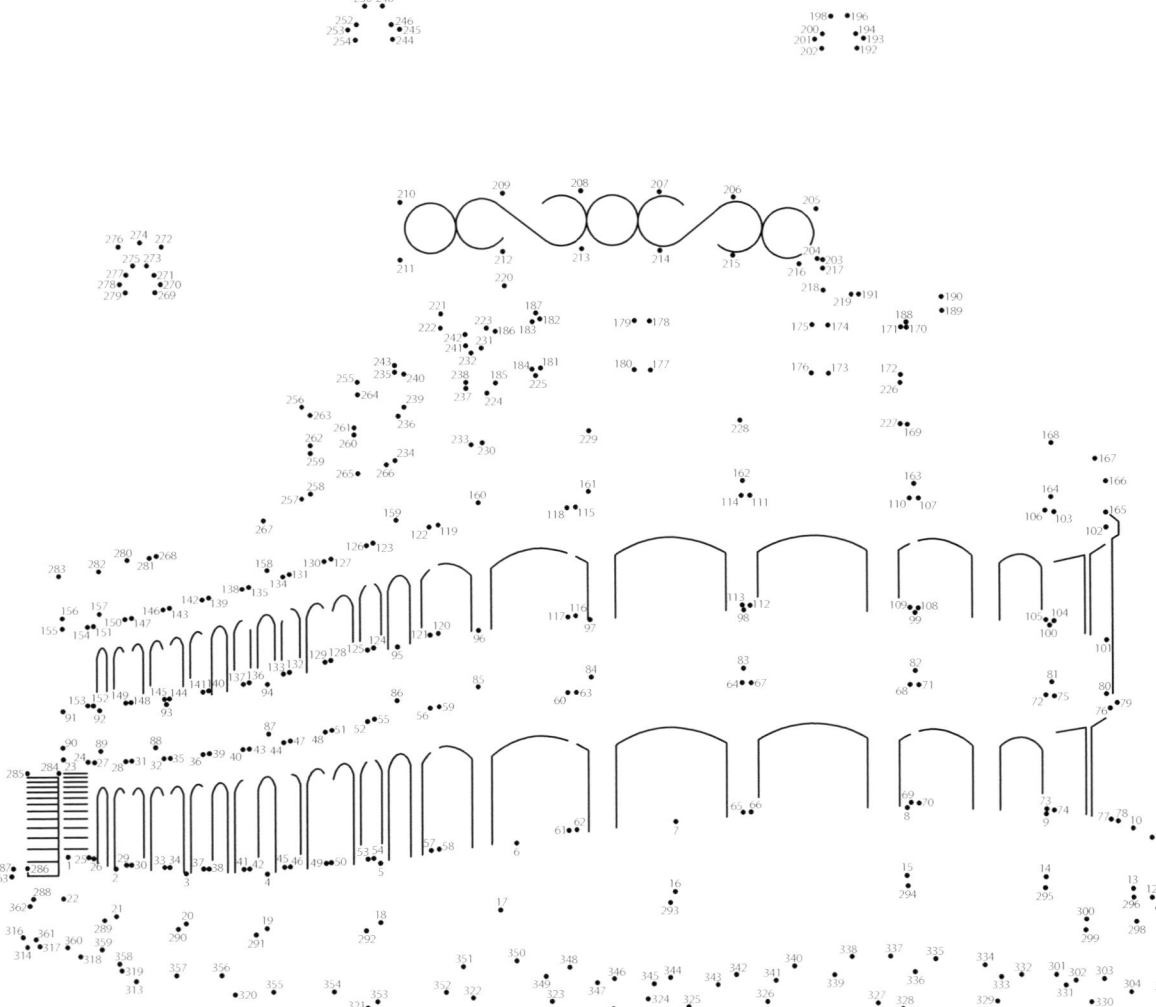

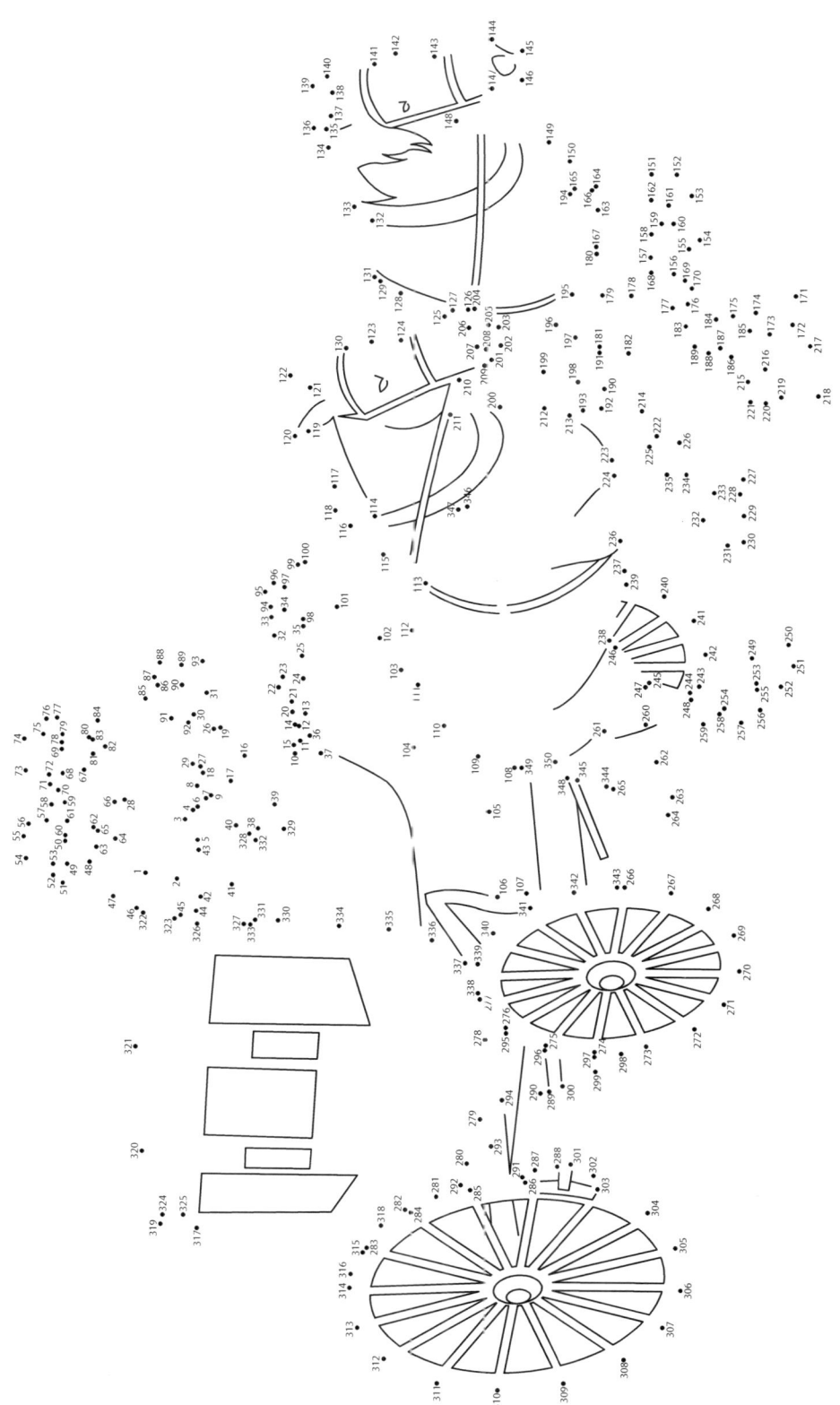

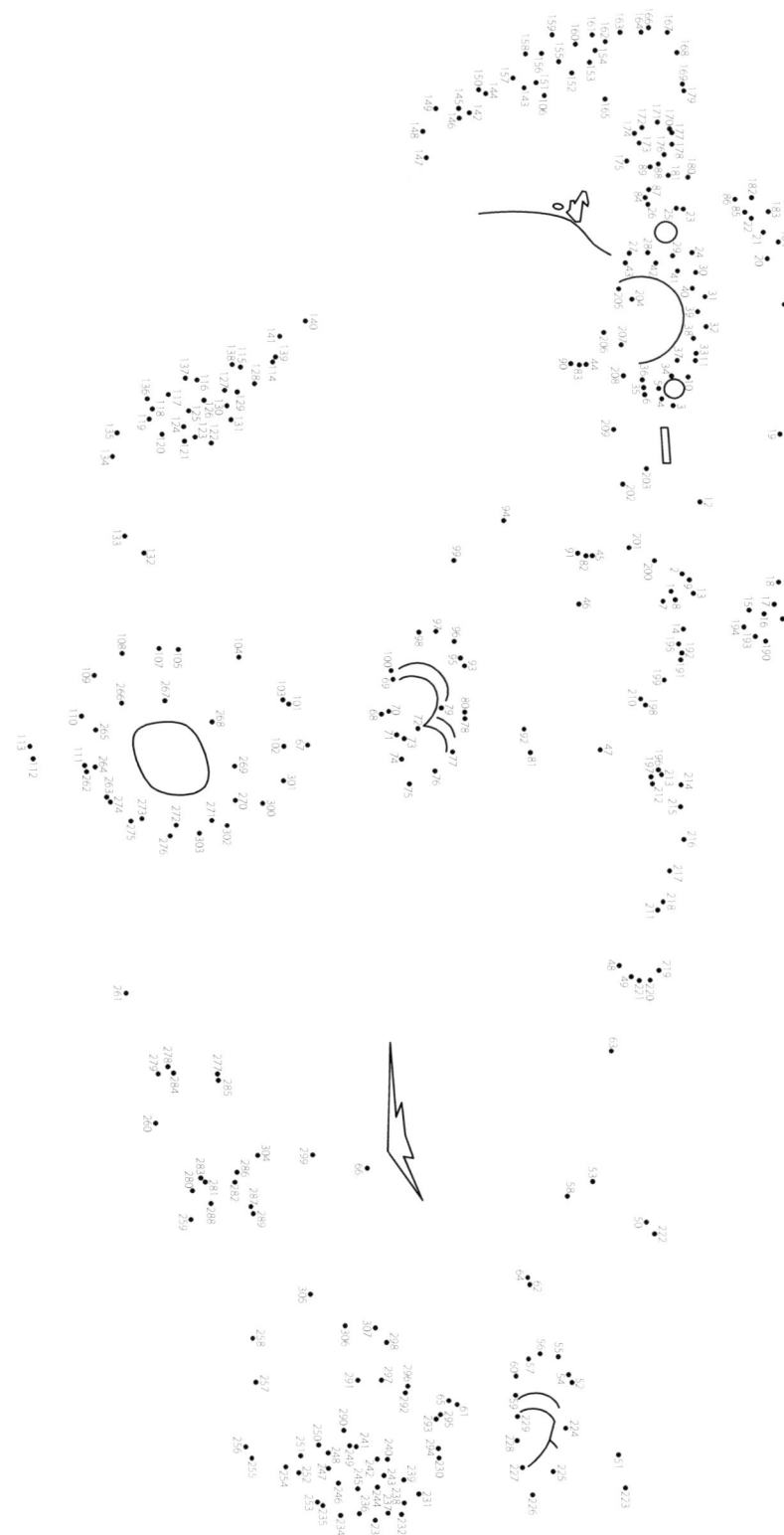

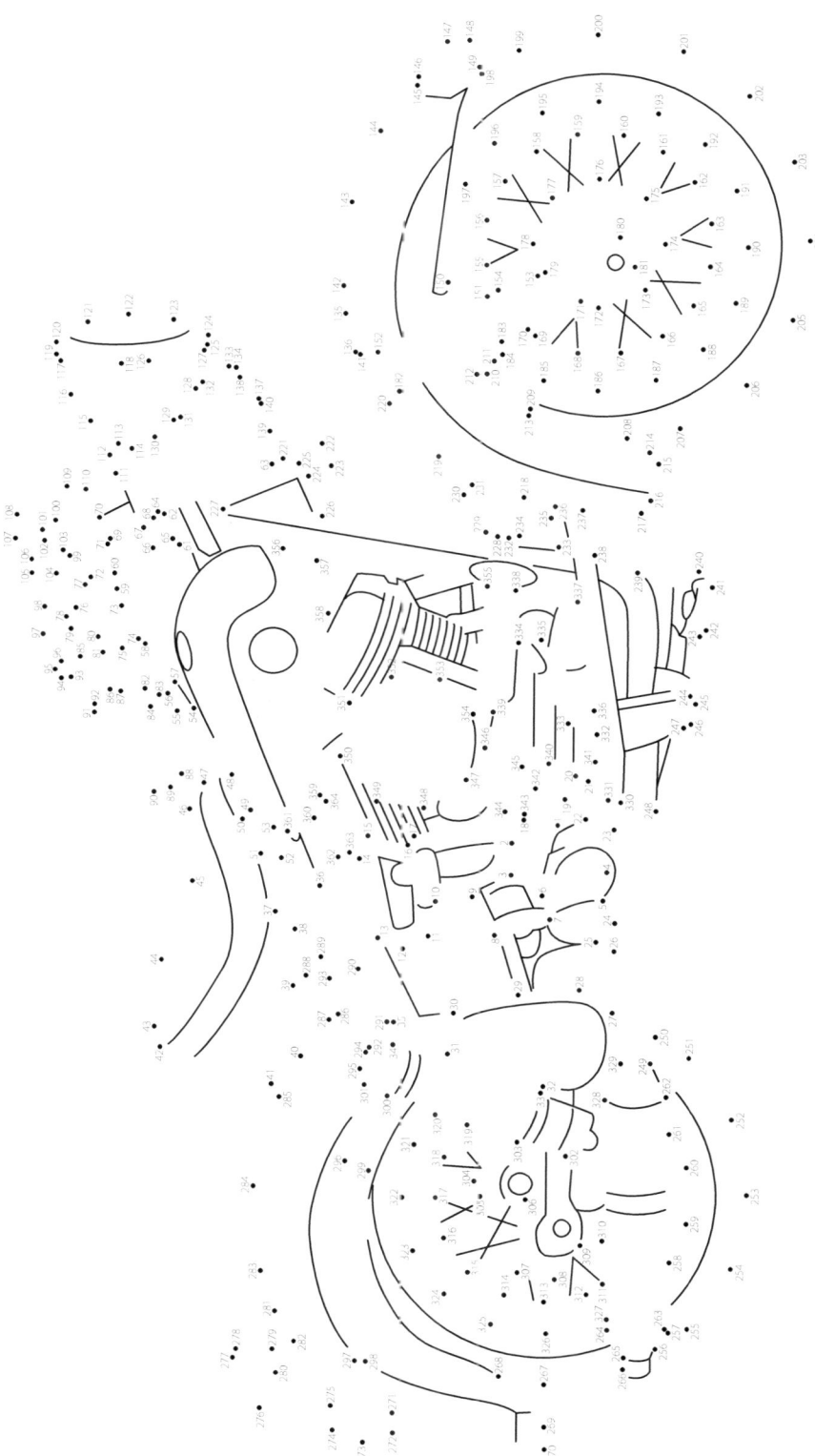

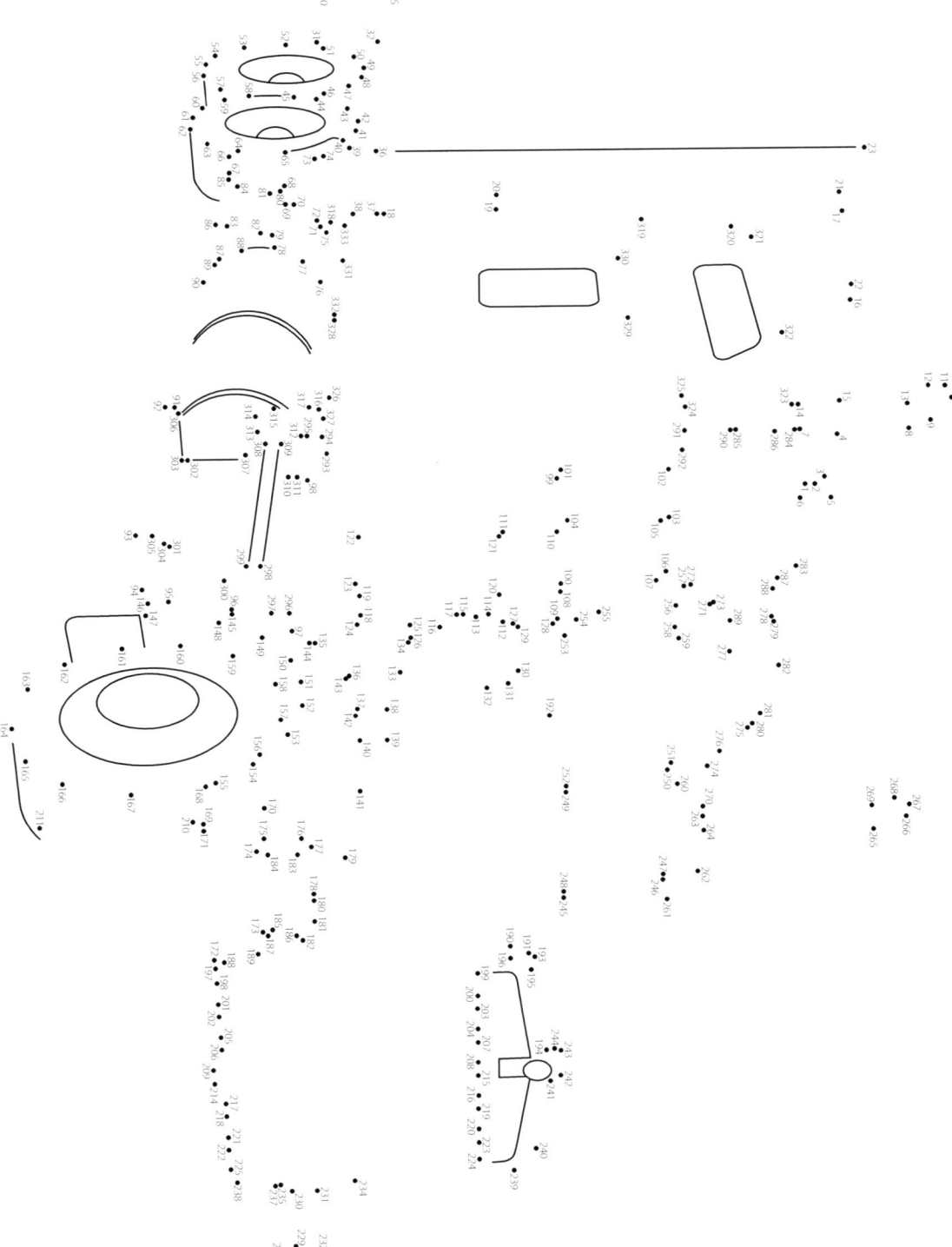

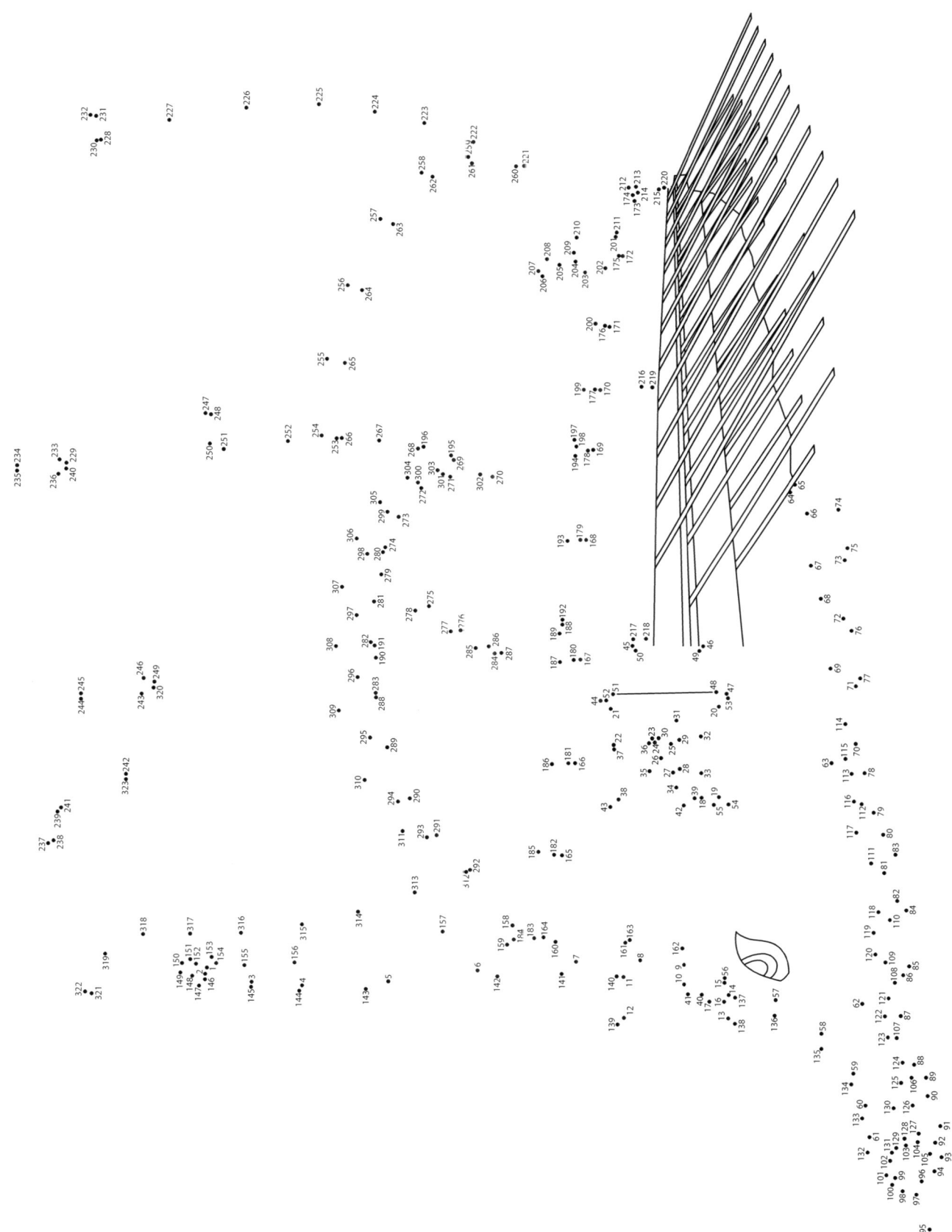

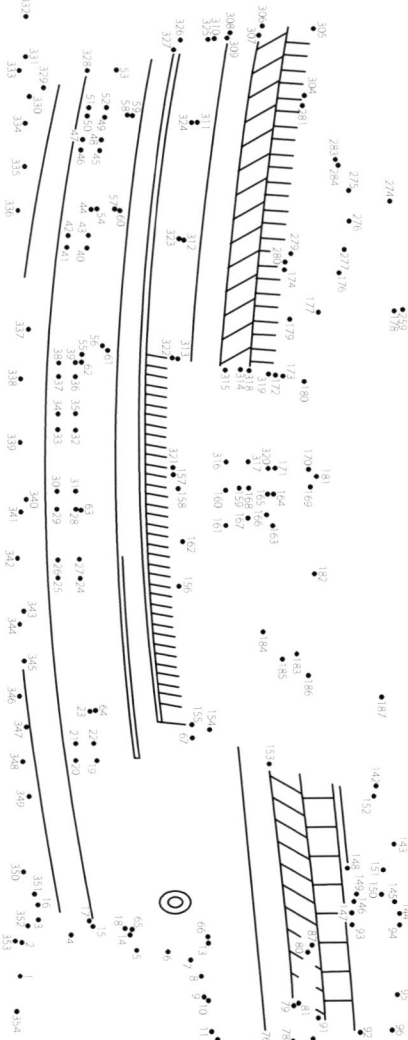

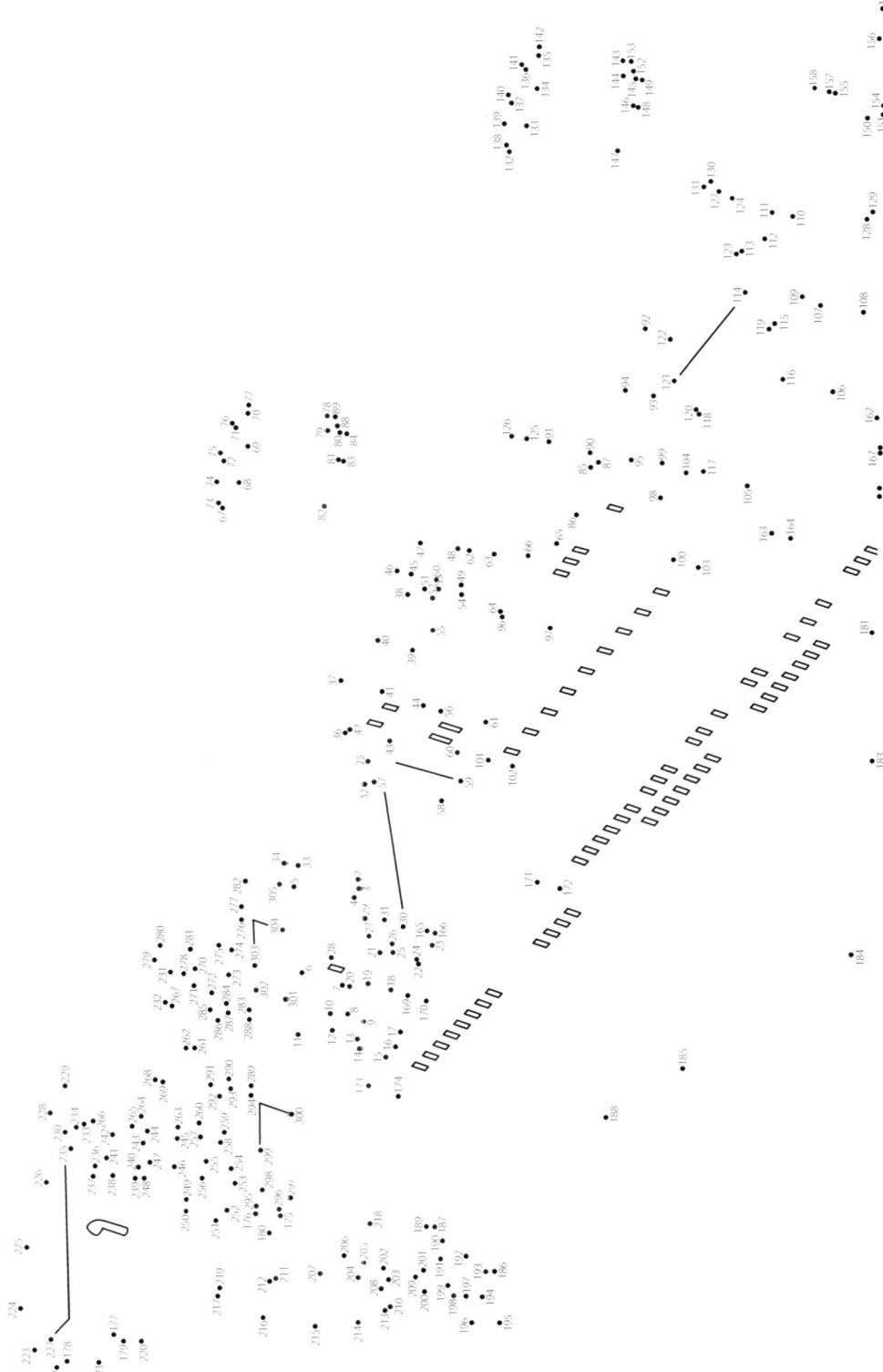

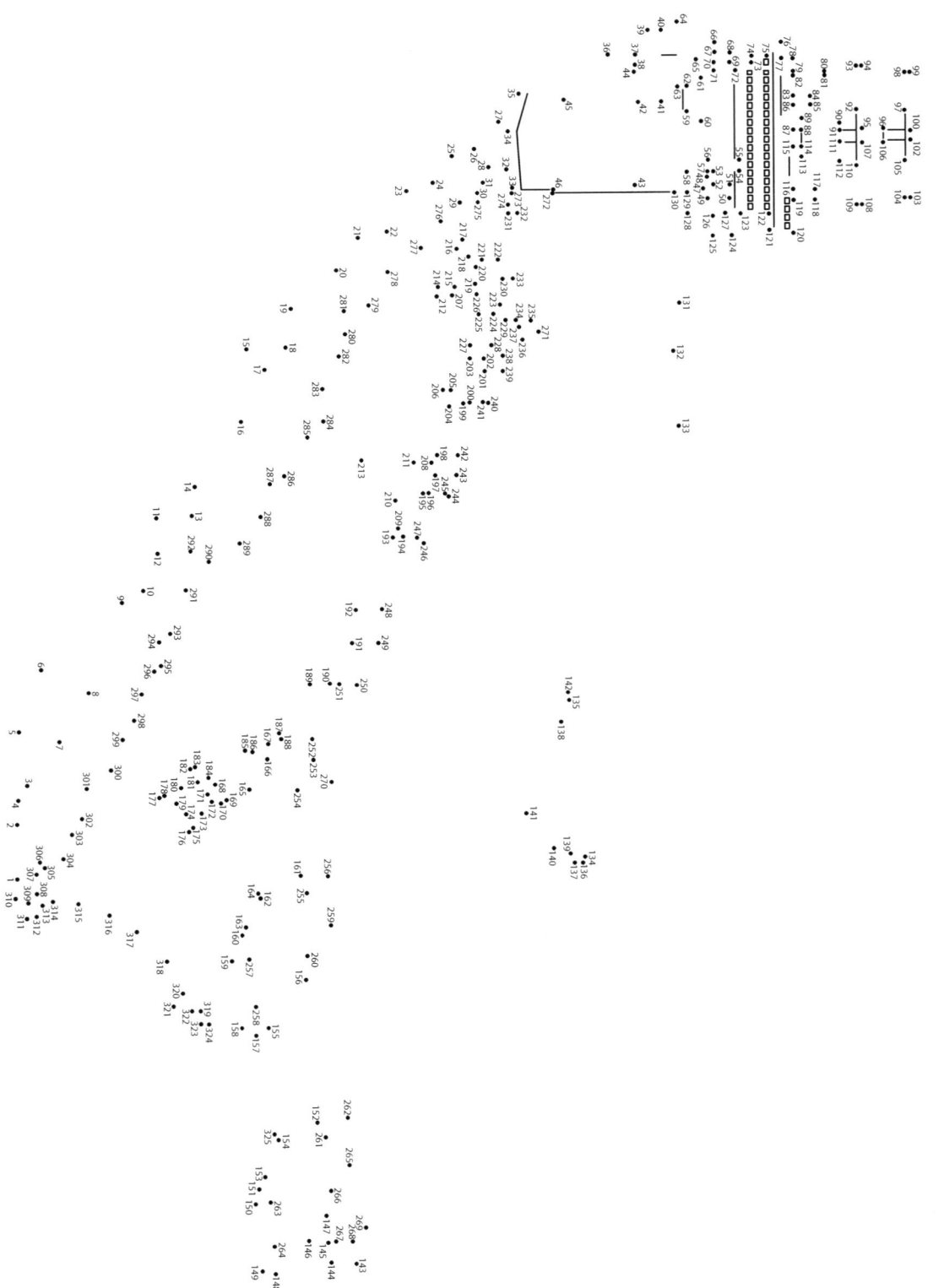

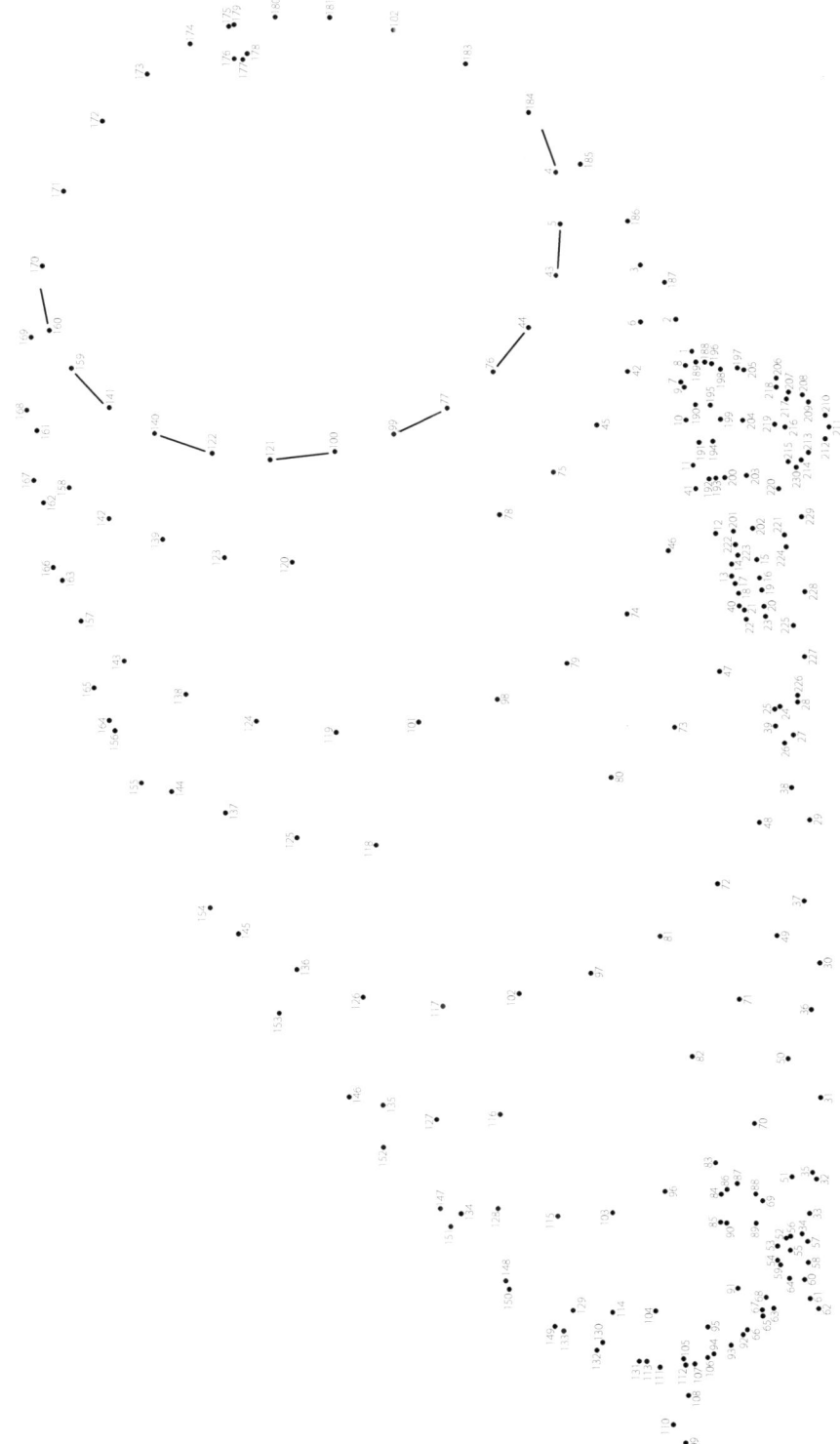

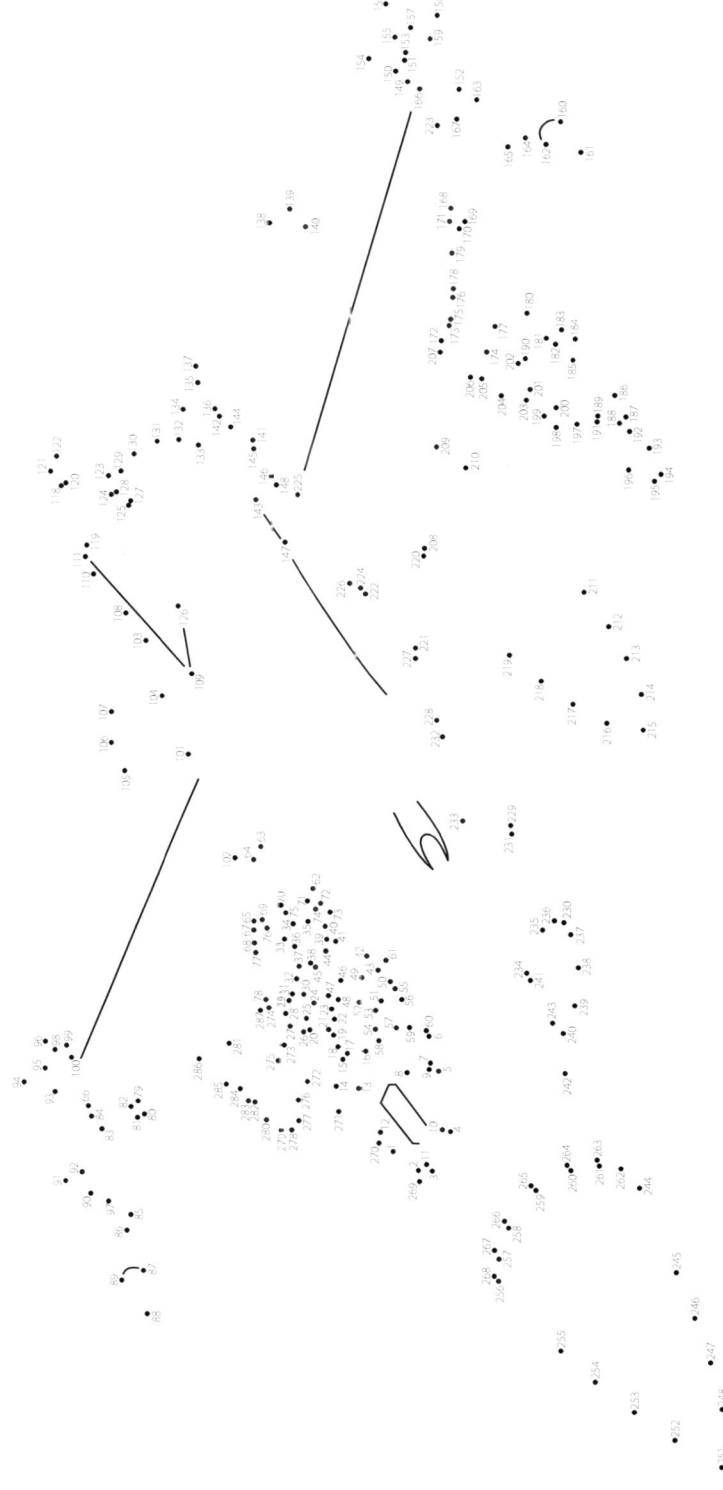

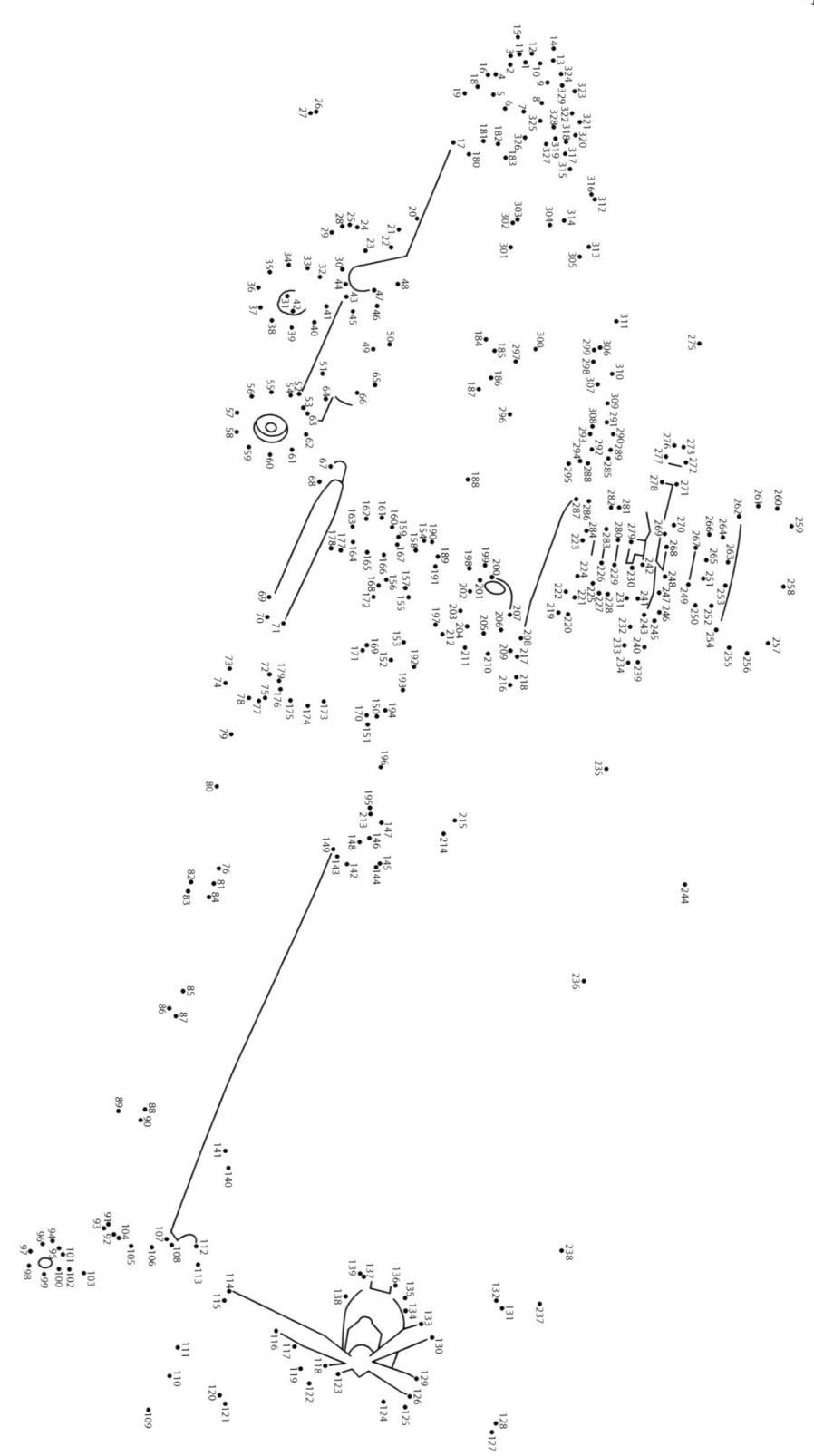

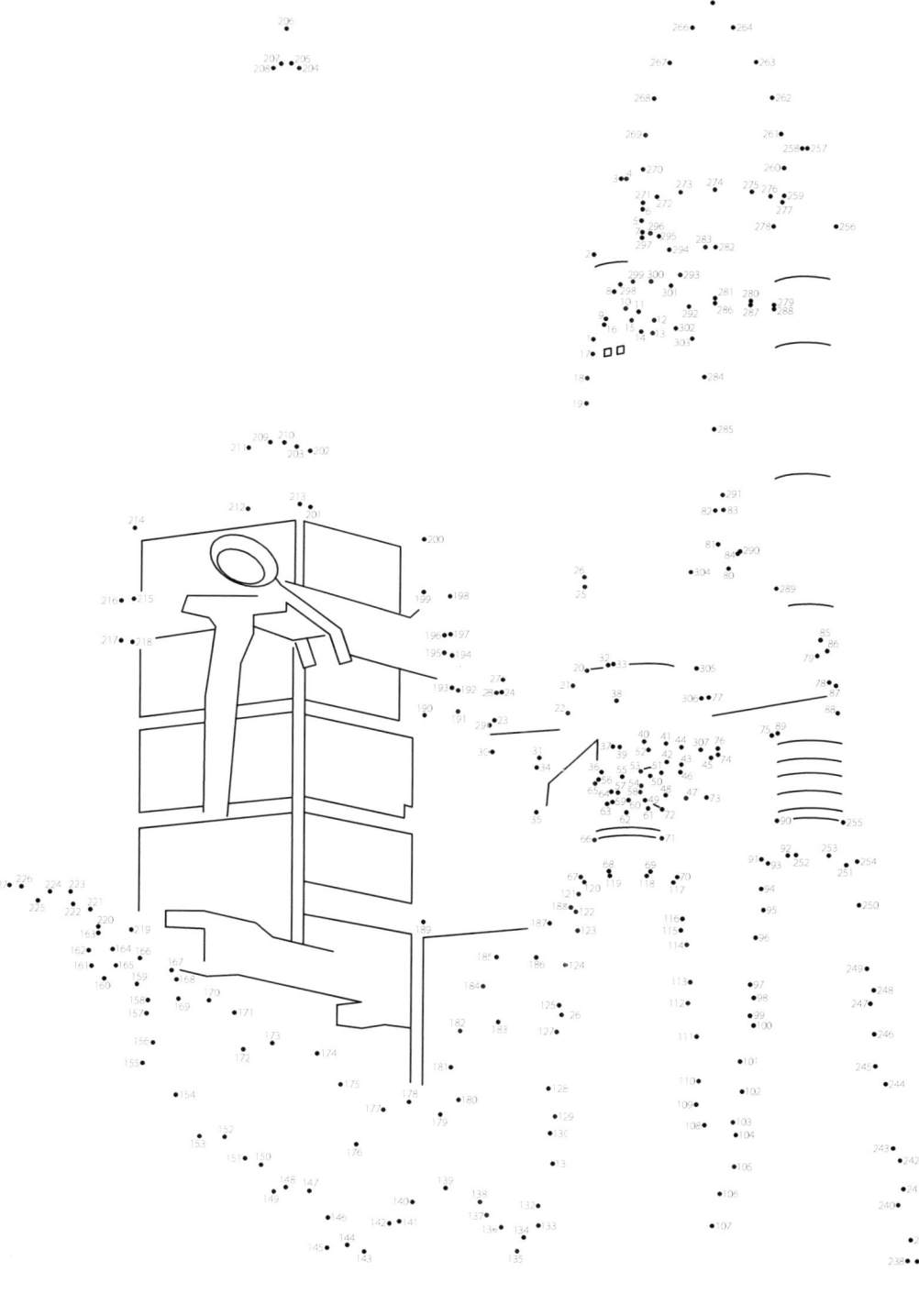

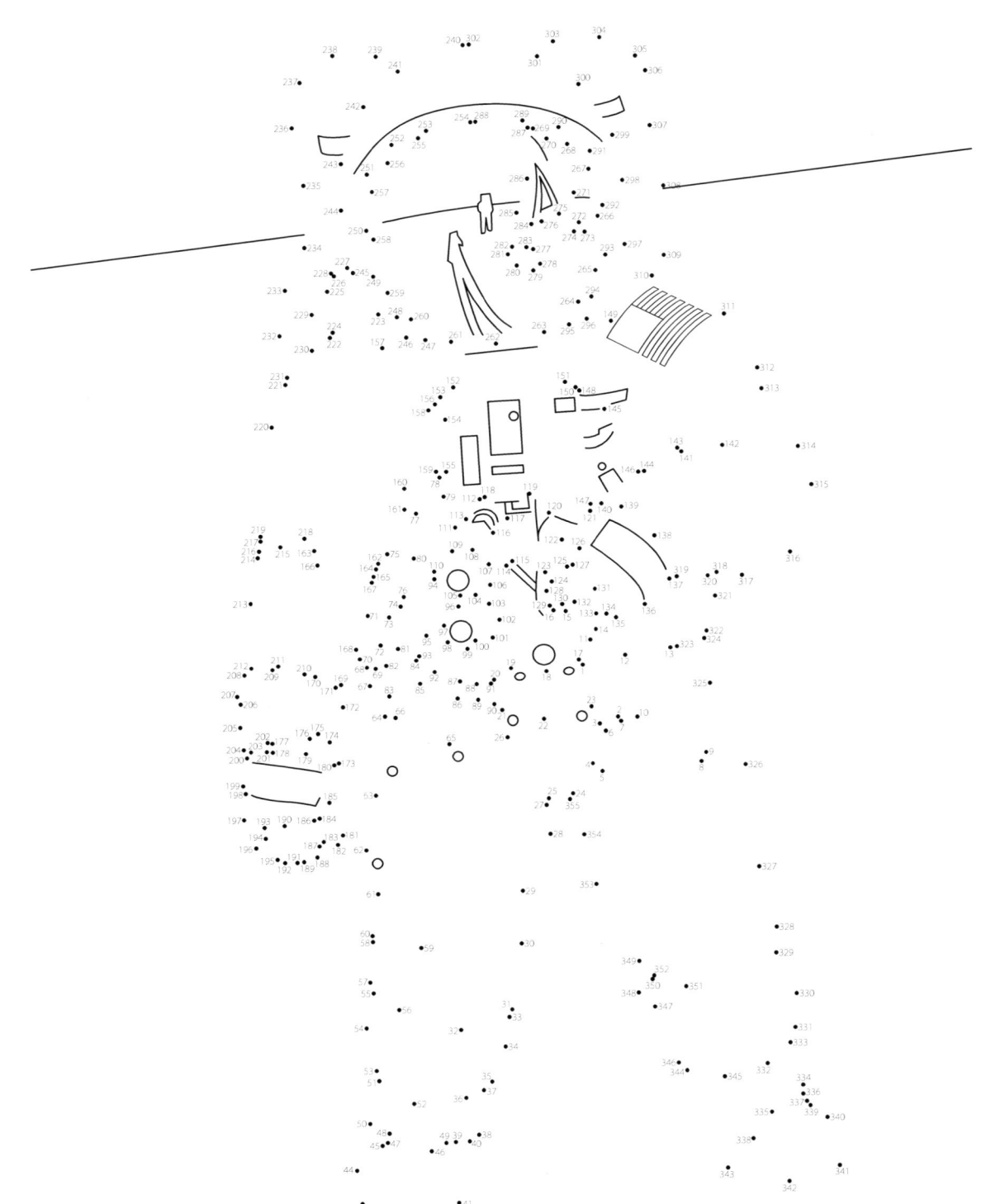

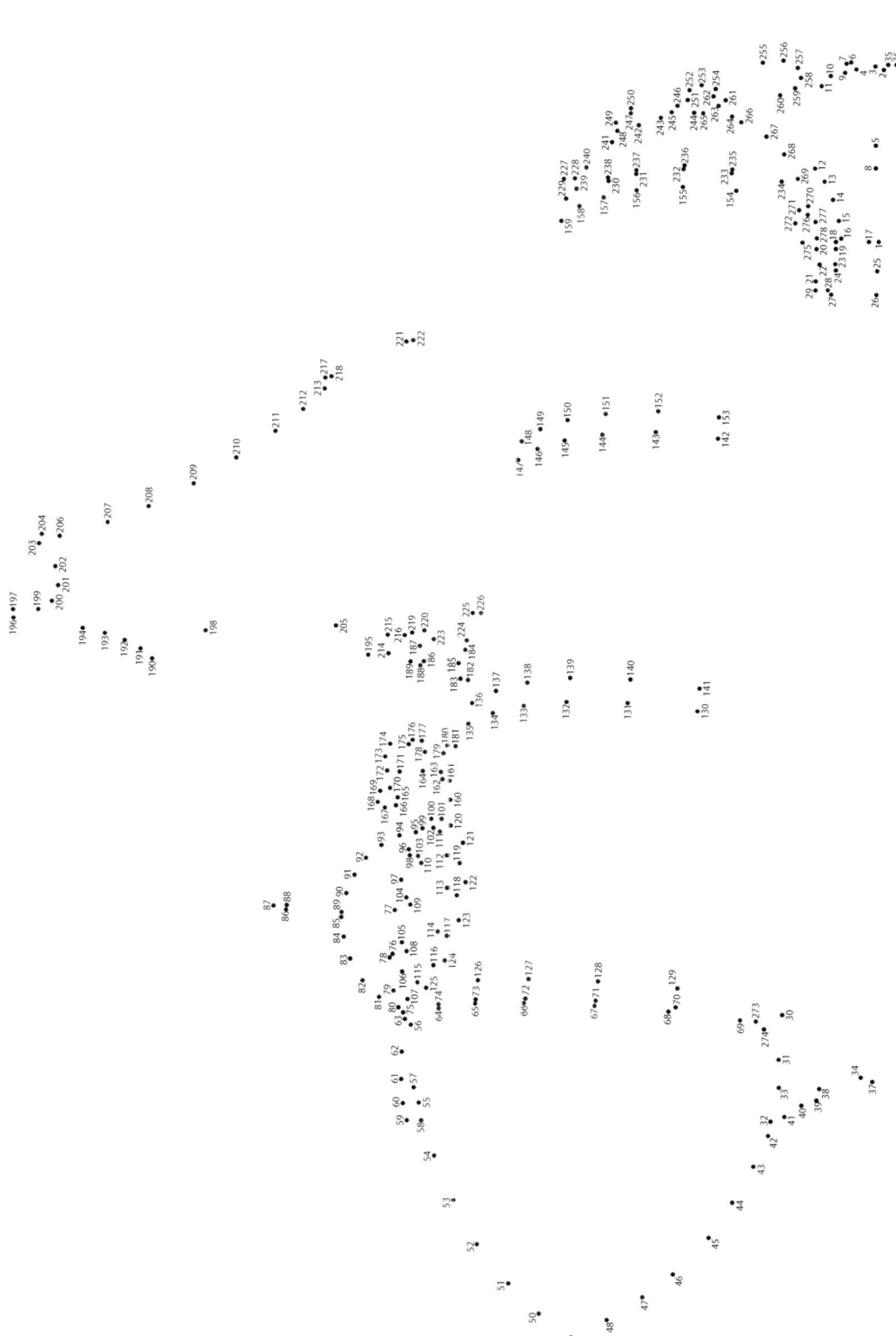

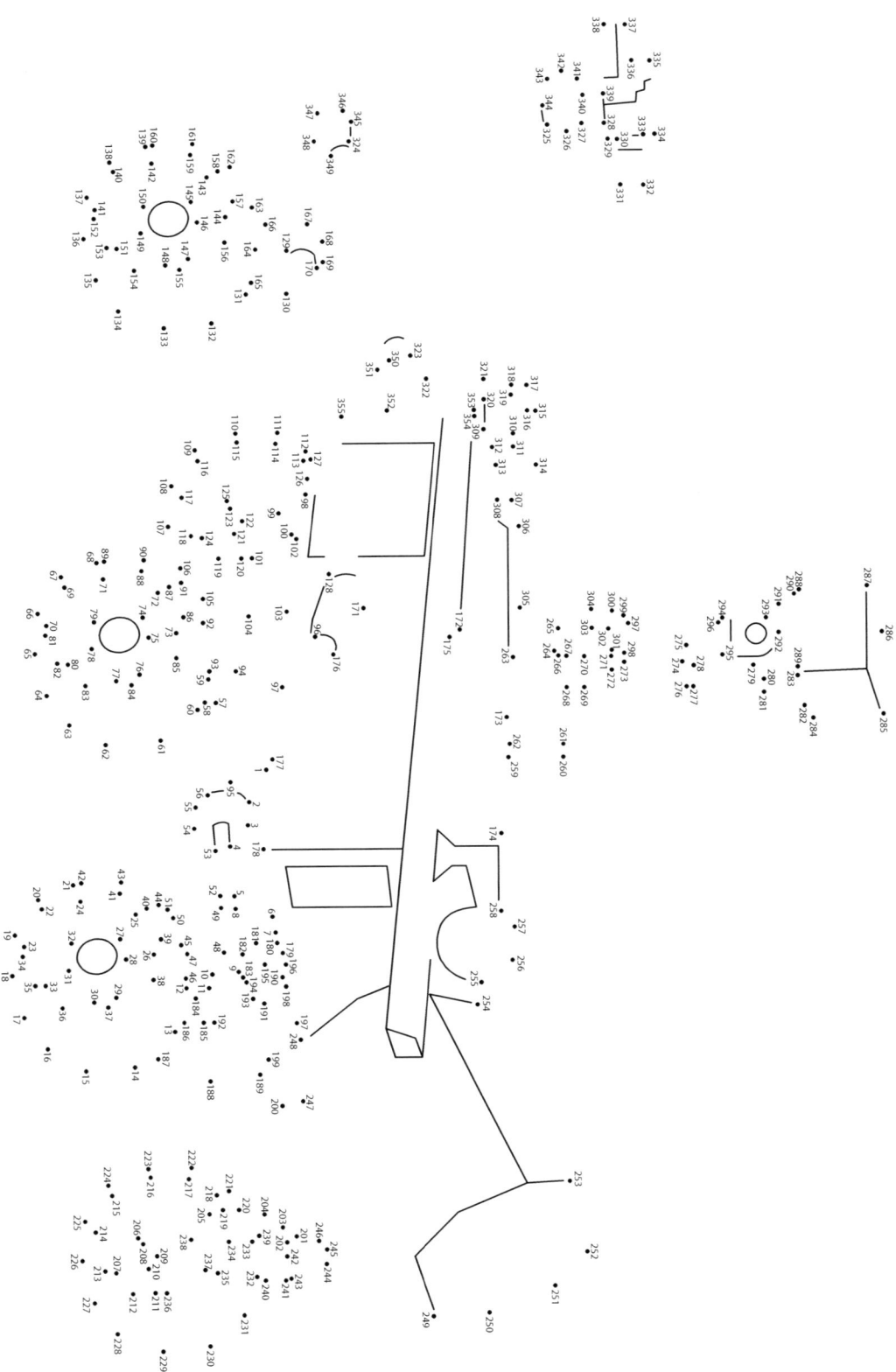

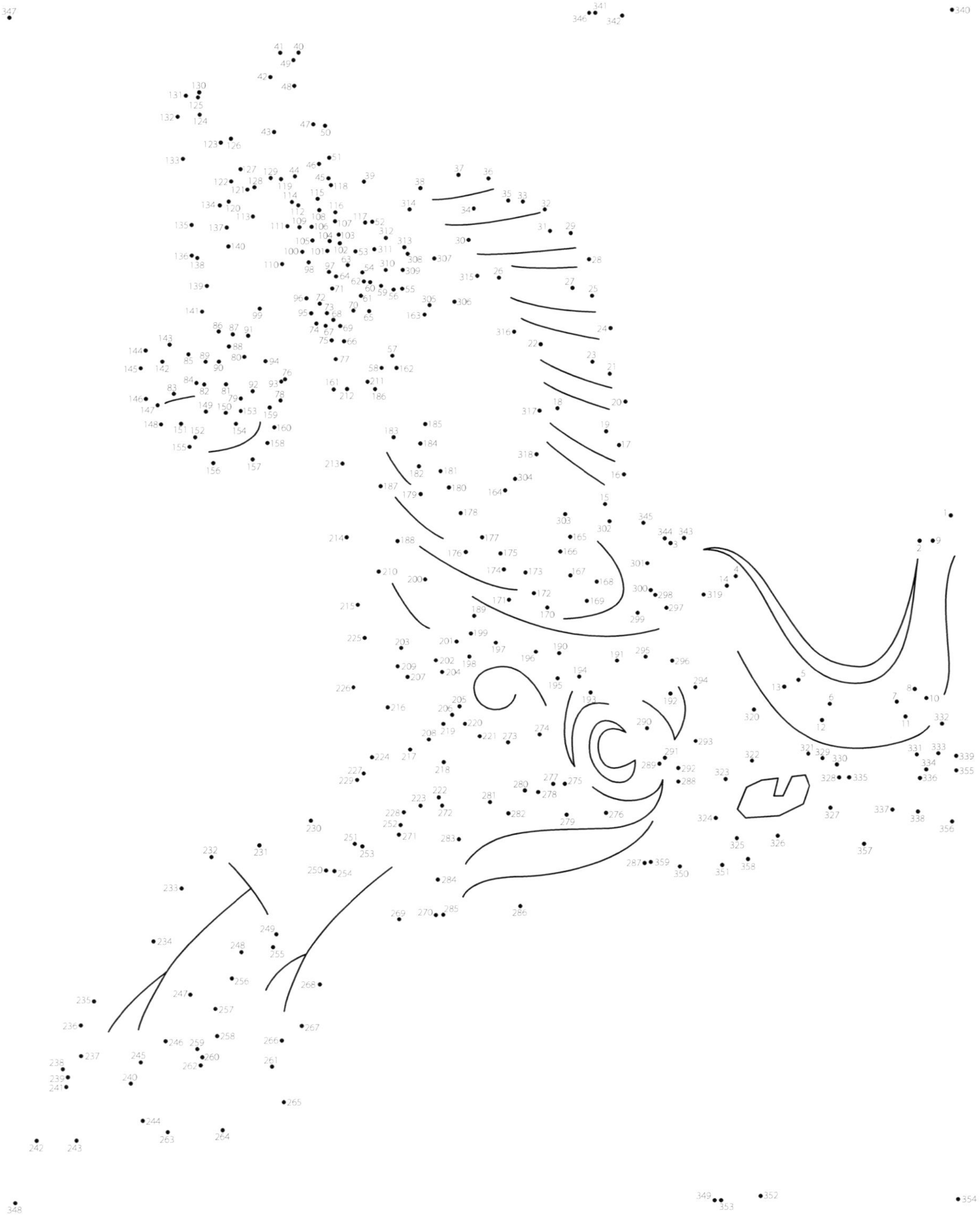

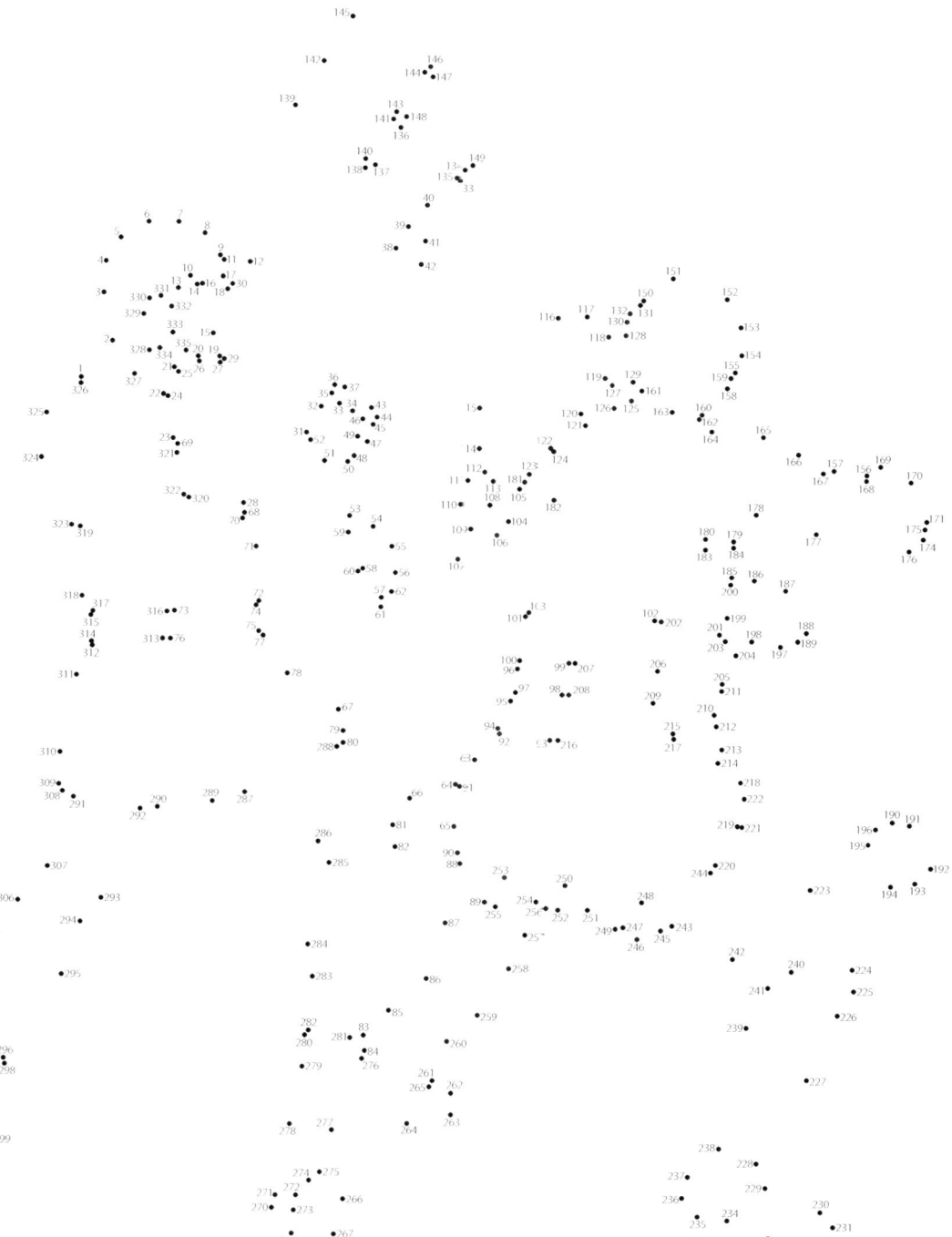

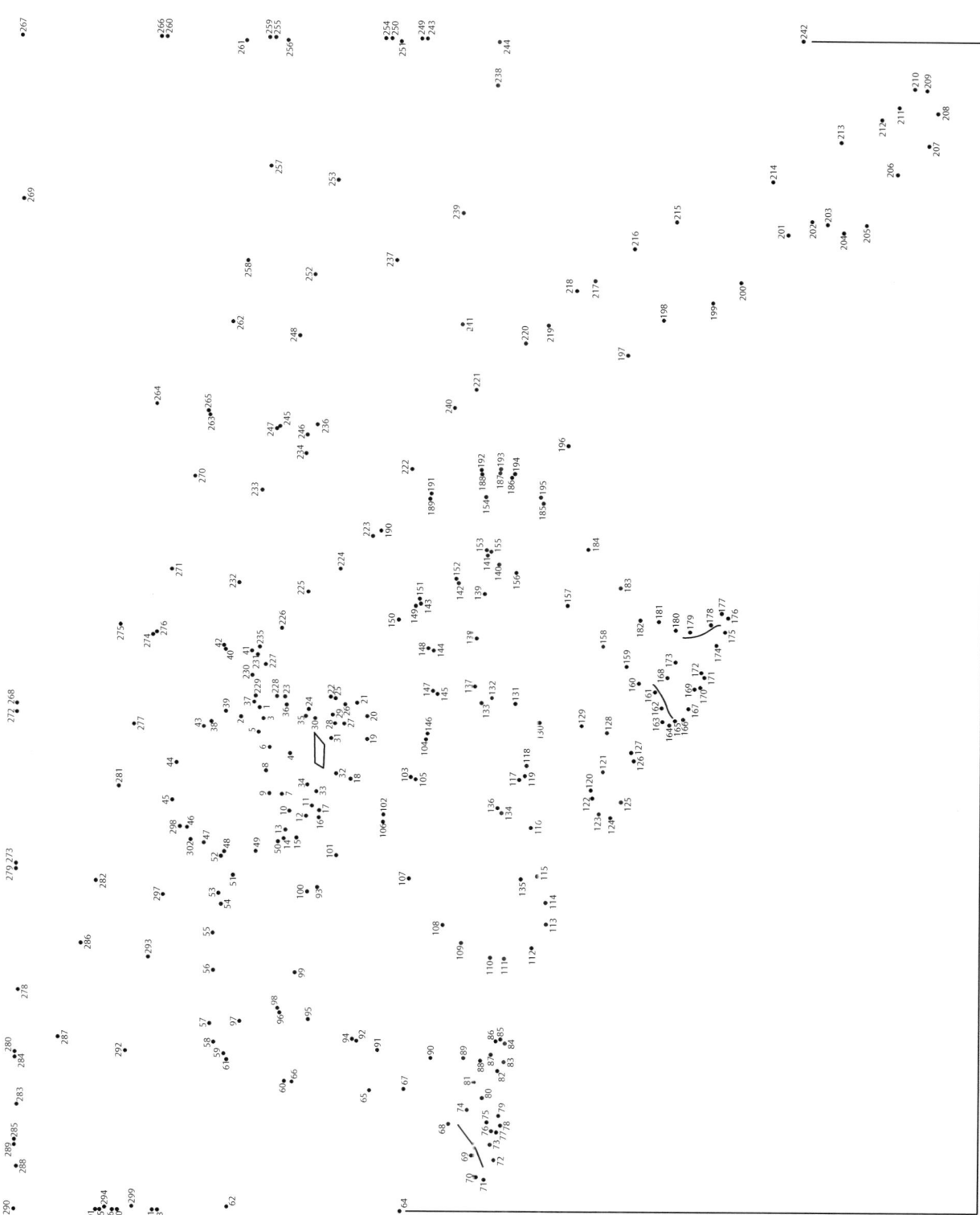

113

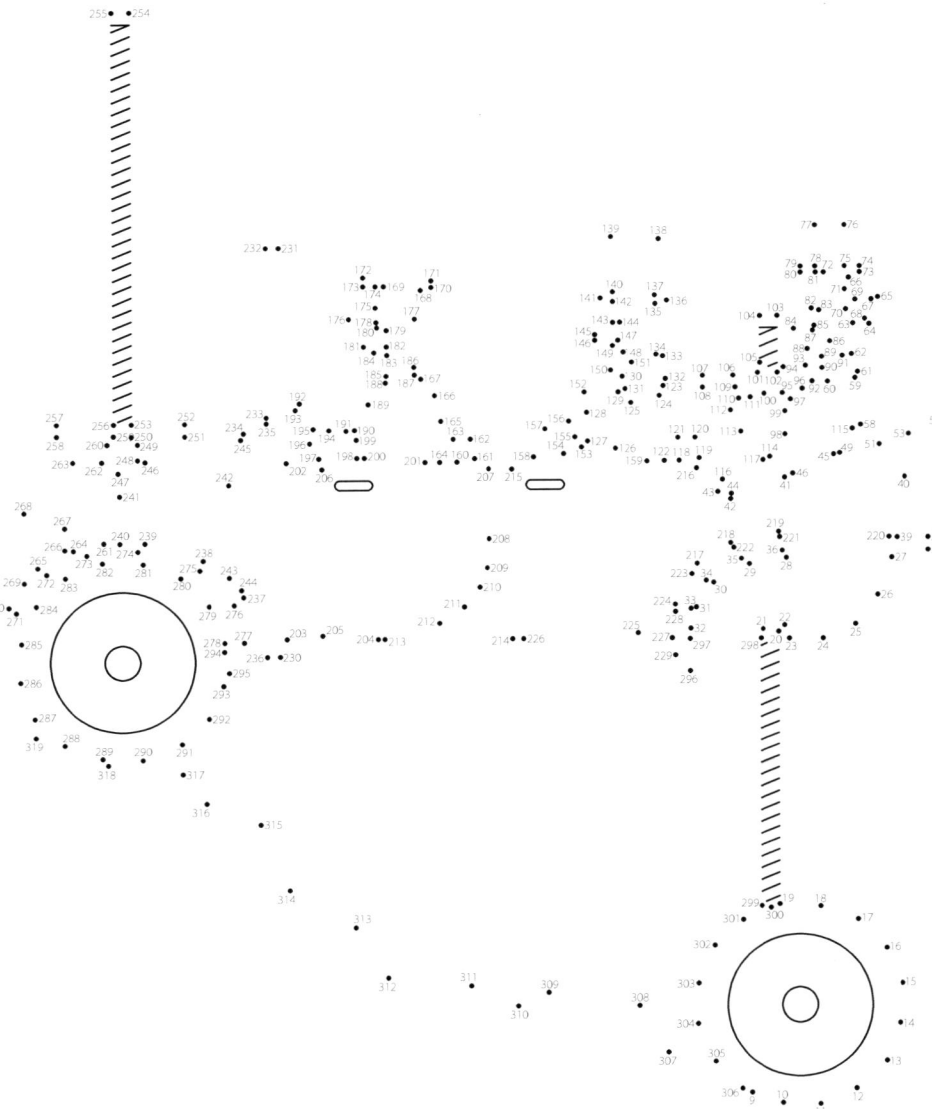

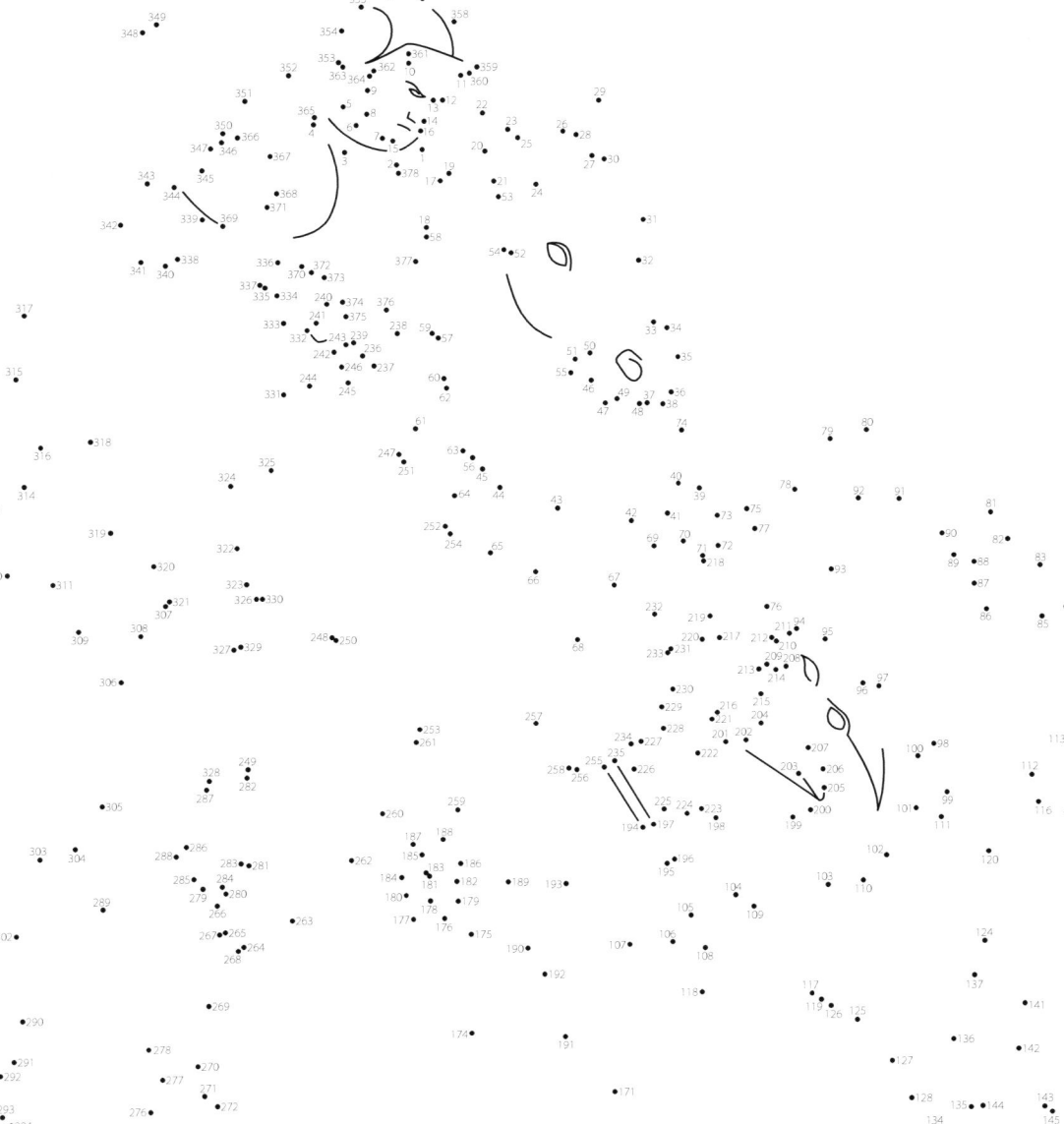

Este dibujo está realizado con dos líneas continuas:
a) números y b) letras minúsculas

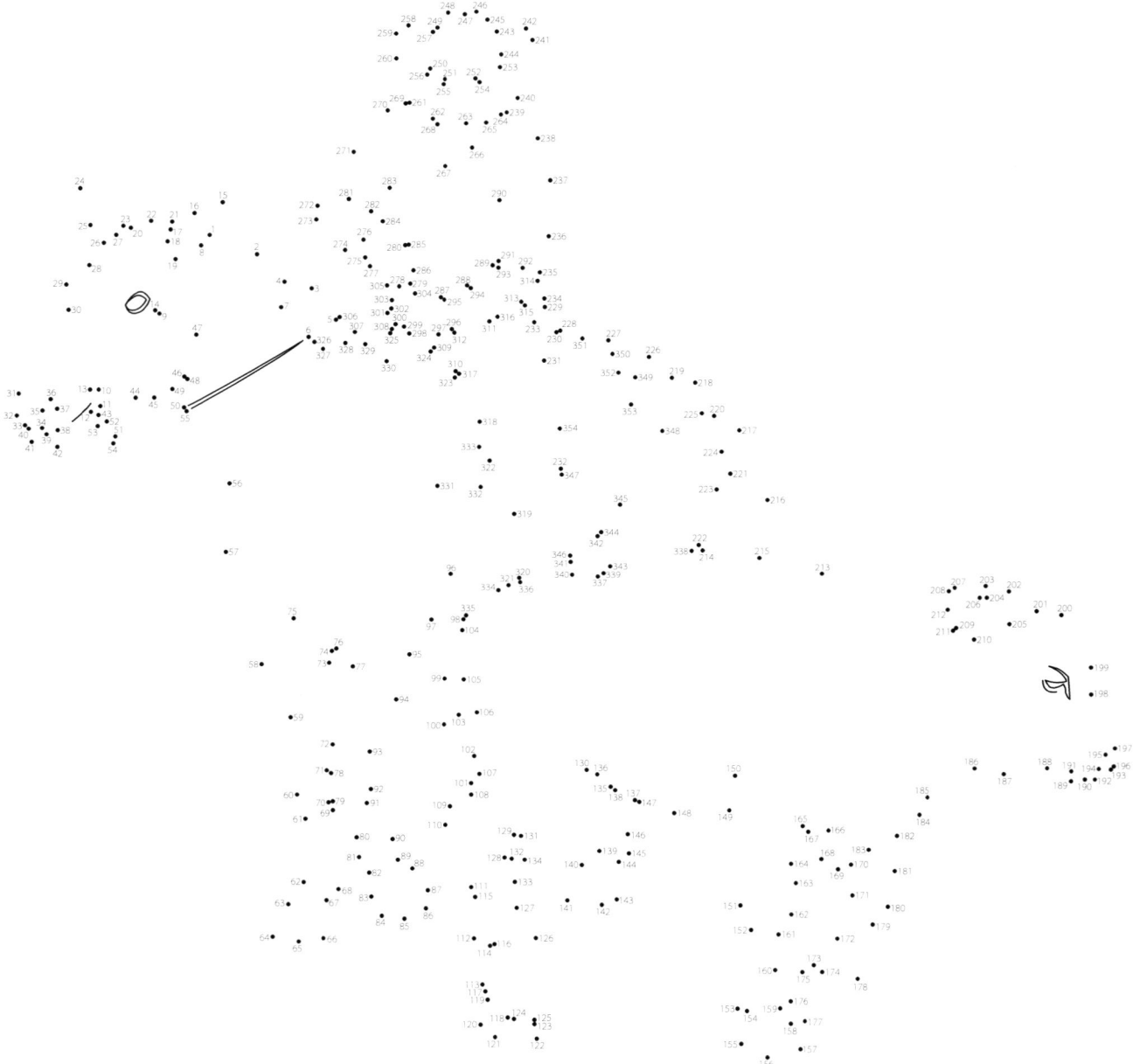

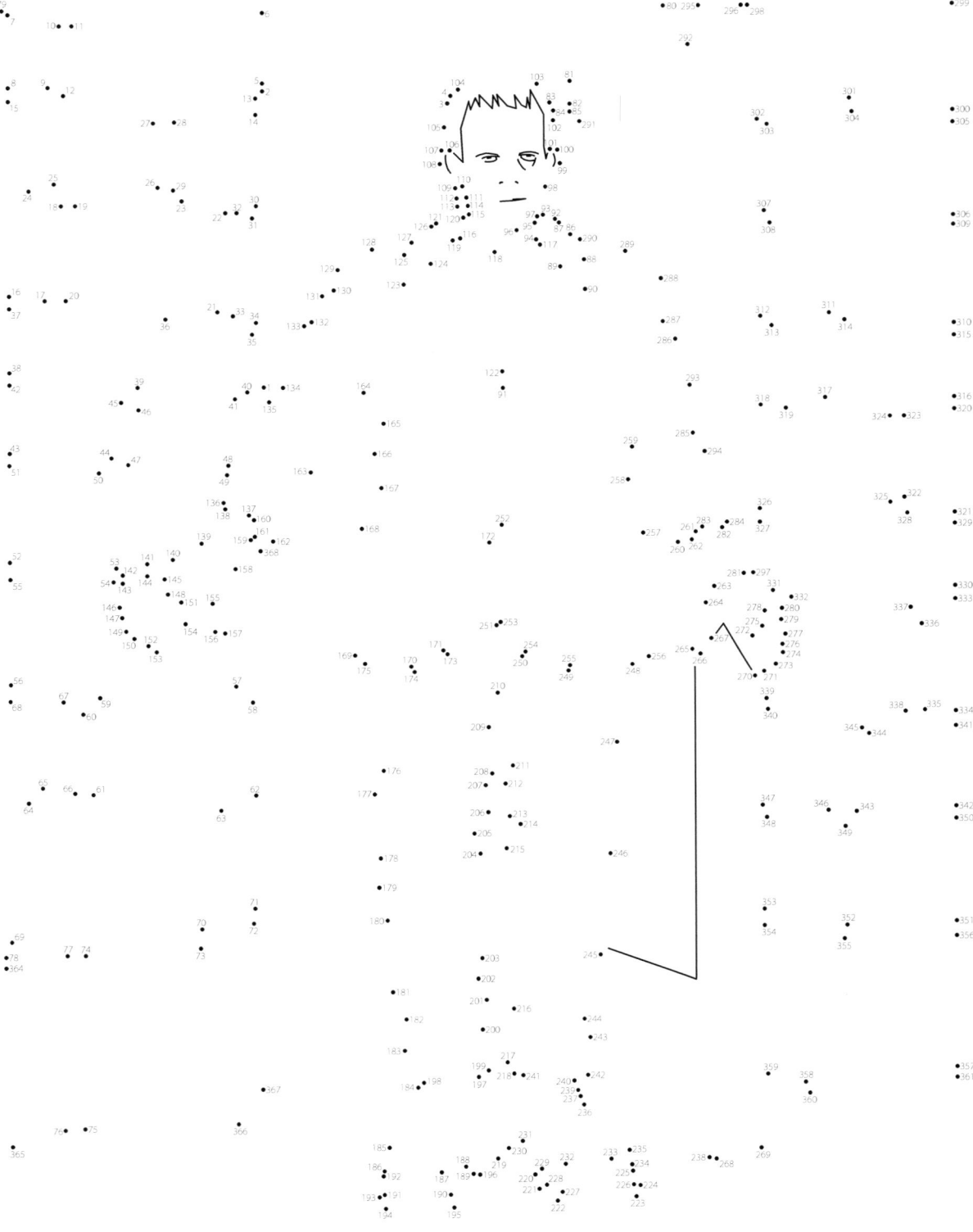

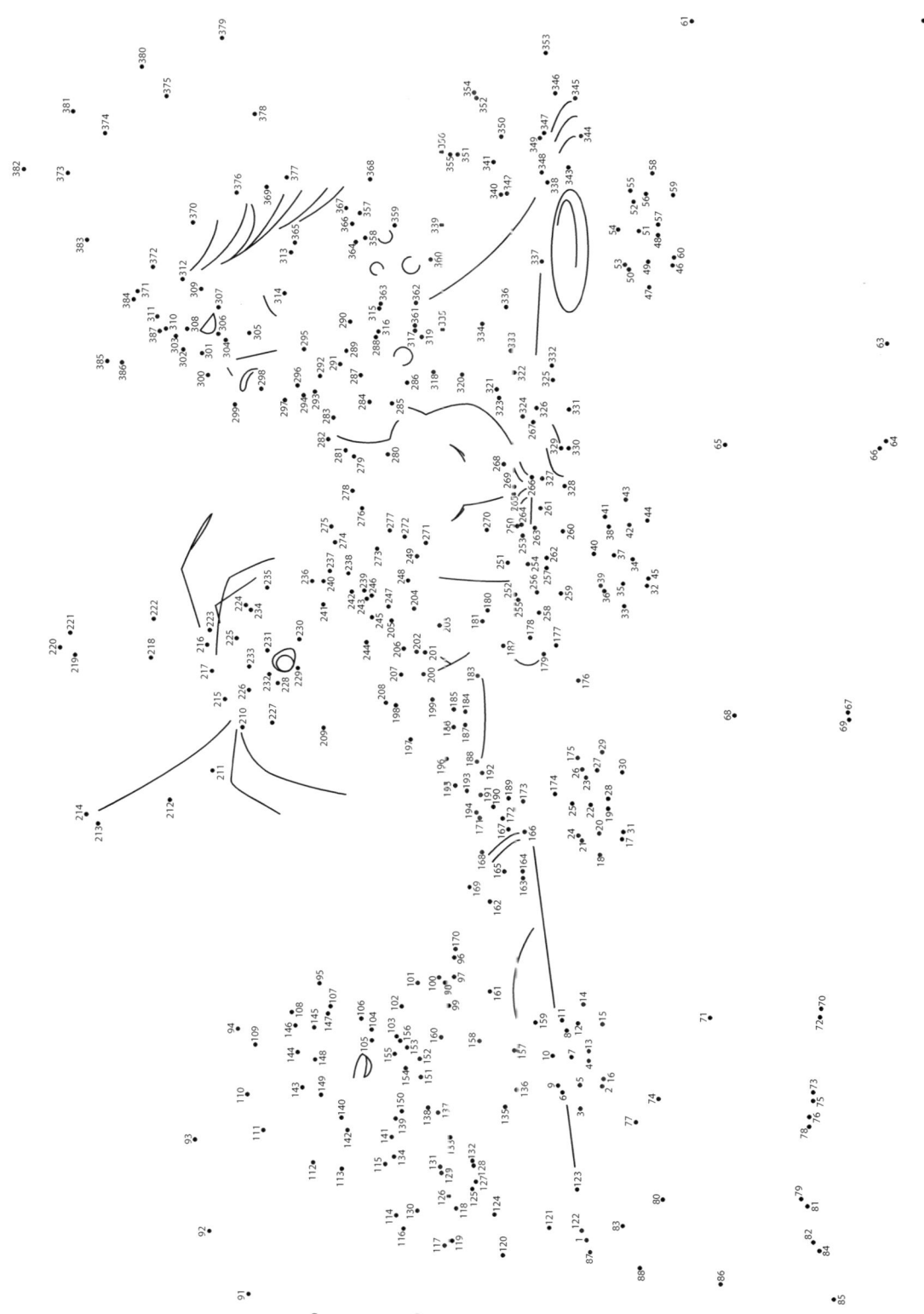

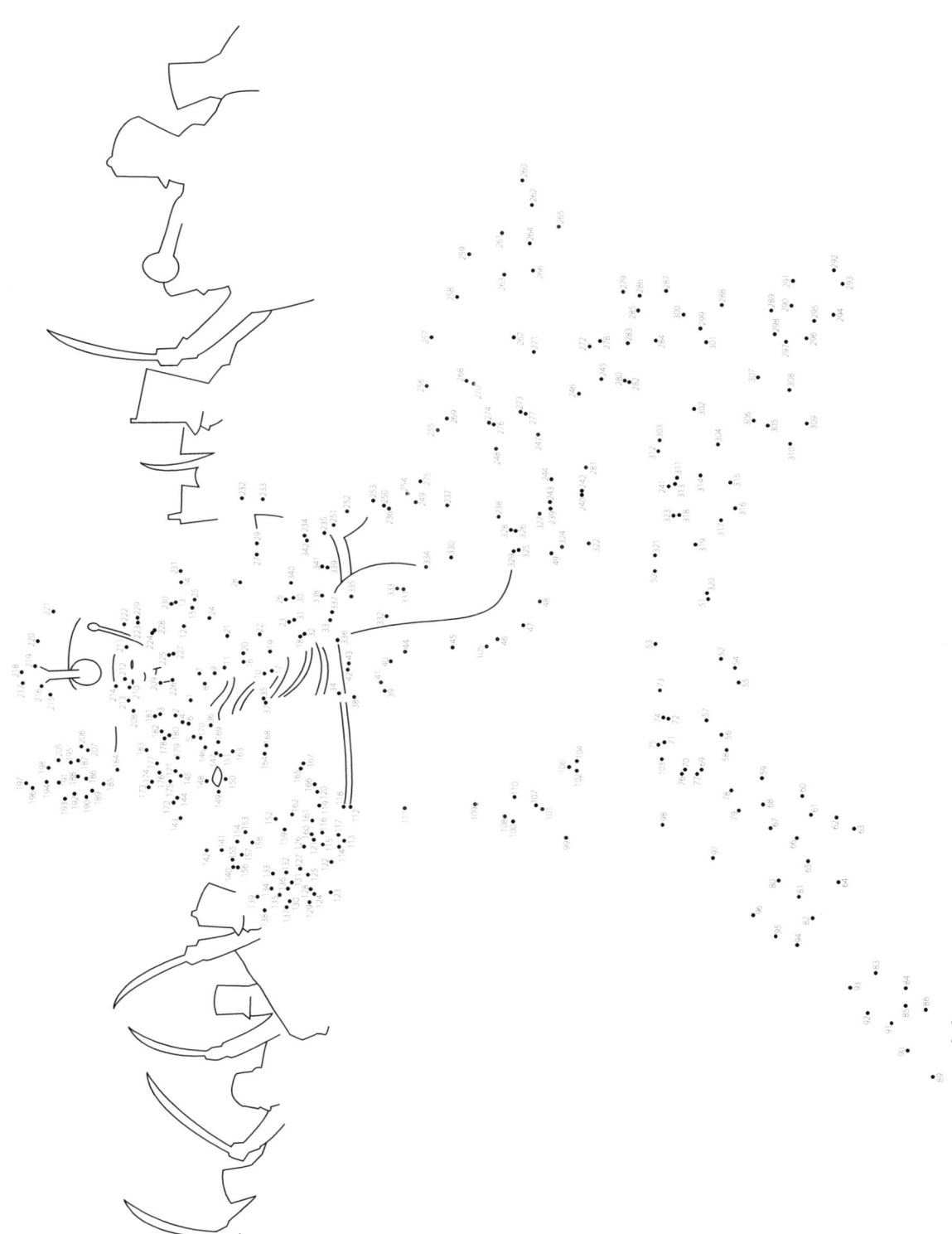

# Lista de ilustraciones